DE L'IDÉE AU PRODUIT

François JAKOBIAK

DE L'IDÉE AU PRODUIT

Veille – R & D – Marché

Éditions
d'Organisation

Éditions d'Organisation
Eyrolles
1, rue Thénard
75240 Paris Cedex 05

Du même auteur

Maîtriser l'information critique (Éditions d'Organisation, 1988)

Pratique de la veille technologique (Éditions d'Organisation, 1991)

Exemples commentés de veille technologique (Éditions d'Organisation, 1992)

Le brevet source d'information (Dunod, 1994)

L'information scientifique et technique (Que sais-je ? N° 3015, P.U.F. 1995)

L'intelligence économique en pratique (Éditions d'Organisation, 1998 et 2001)

L'intelligence économique, la comprendre, l'implanter, l'utiliser (Editions d'Organisation, 2004)

© Éditions d'Organisation, 2005.

ISBN : 2-7081-3411-6

SOMMAIRE

V

SOMMAIRE DES FIGURES

INTRODUCTION
De l'idée nouvelle
à l'innovation industrielle

Les pouvoirs publics œuvrent depuis une dizaine d'années pour aller dans le sens de l'accroissement de notre effort d'innovation industrielle et, à la suite de la remise au président de la République du rapport « Conditions d'une nouvelle politique industrielle » par JEAN-LOUIS BEFFA, PDG de Saint-Gobain, le président de la République a affiché, en janvier 2005, sa volonté de redonner à la France « les moyens d'une grande ambition industrielle » et il a repris l'idée de « programmes de mobilisation pour l'innovation industrielle » (PMII).

La sélection des PMII et leur financement reviendra à une « Agence de l'innovation industrielle » comme le propose le rapport BEFFA. (*Le Monde*, 6/1/2005, page 6).

Une pierre à l'édifice

Nous souhaitons apporter une modeste pierre à l'édifice en proposant des moyens de dynamiser la créativité, de faire naître l'idée nouvelle conduisant à l'innovation industrielle. Mais de grandes difficultés nous attendent pour faire comprendre l'intérêt et la nécessité de cette démarche ! Pour des raisons sociétales.

Le manque criant d'enthousiasme d'abord : il se caractérise par un manque de flamme, par un cocktail très répandu de fadeur, d'atténuation extrême du goût du risque couplé à un intense besoin de sécurité et par la constatation que le sceptique et l'ayant droit jouent un rôle majeur dans notre société.

Cet état d'esprit volontiers négatif est aggravé, amplifié progressivement, par les difficultés réelles d'une époque qui, technologiquement très avancée, est incapable d'assurer une croissance suffisante pour répondre à l'essentiel des besoins. L'impression générale dans la période actuelle où le numérique joue un rôle moteur salutaire, est que, si nous continuons à créer des richesses, nous créons aussi de plus en plus de nouveaux pauvres, d'exclus.

Les excès de la croissance forcenée de la période 1950-1970 préoccupaient déjà certains qui estimaient qu'une croissance de 5 % l'an (voire 7 % l'an) était inquiétante et ne pouvait être maintenue pendant des dizaines d'années. En effet 7 % par an c'est un doublement de la production en 10 ans, un quadruplement en 20 ans et une multiplication par 1000 en un siècle. C'est strictement impossible à concevoir.

Un gentil petit taux de 2,5 à 3 %, beaucoup plus raisonnable, correspond à peu près, actuellement, compte tenu des gains de productivité, au maintien du plein emploi. Avec ce chiffre, la production est multipliée par environ vingt en un siècle ; c'est moins impressionnant mais à ce rythme à première vue inoffensif, il est clair que de gros problèmes doivent apparaître après cinquante ans ! Il est donc tout à fait logique, réconfortant, que l'on commence vraiment à se préoccuper du développement durable.

En 1972, la publication par le Club de Rome du rapport « Halte à la croissance » (rapport Meadows) fit l'effet d'une bombe ! Selon ses auteurs, la poursuite de la croissance démographique comme de la croissance industrielle, dans une planète aux ressources limitées, pourrait amener autour de 2050 une catastrophe majeure. Toujours en 1972, intervient la création du PNUE, programme des Nations unies pour l'environnement

Les problèmes de préservation de l'espèce et de la planète, l'effet de serre, sont venus ensuite compliquer la donne en prouvant brutalement que tout n'est pas possible.

La guerre du Kippour en 1973 prouva que l'énergie n'était pas gratuite et qu'elle pouvait se faire rare.

Le tournant des années 70

C'est à partir de cette période que les données ont vraiment changé. Chacun s'est rendu compte que les moyens de créer de la croissance n'étaient pas garantis, loin de là ! Beaucoup ont compris que nous étions sans doute condamnés à une (toute) petite progression de notre production industrielle et commerciale.

Mais la course continue à l'automatisation, au modernisme, à la productivité, à la compétitivité que nous impose l'économie de marché se poursuivant de plus belle (comme aux temps de la croissance de 7 % par an), le sous-emploi est arrivé au grand galop.

Il y avait déjà, en France, un million et demi de chômeurs en 1974, il y en avait plus de trois millions en 1996. Grâce aux efforts des gouvernants, la tendance a été inversée mais, après un plancher voisin de deux millions vers 2000, à la suite d'une période de plus forte croissance, nous nous retrouvons dans une tranche comprise entre deux millions deux cent mille et deux millions quatre cent mille au début de 2005, soit un peu plus de 10 % de la population active, ce qui est énorme et difficilement admissible.

Dans ces conditions, le scepticisme généralisé est compréhensible, presque légitimé par les résultats décevants des efforts de nos hommes politiques et des responsables du jeu économique qui semblent colmater des brèches, au jour le jour.

Le gaspillage a fait place à une attitude frileuse de repli, d'économies, qui semble accélérer le processus de décadence, le vortex nous entraînant vers le bas.

Faut-il accepter cette fatalité et laisser faire une sorte de sélection assez sauvage par le marché en espérant que tout s'arrangera petit à petit ?

Peut-on essayer « quelque chose » ?

Peut-on trouver des remèdes ? Soyons en tout cas convaincus que les choses n'ont aucune chance de se régler d'elles-mêmes.

Nous avons à analyser la situation et à détecter, d'abord, les motifs d'inquiétude propres à notre pays, avant de proposer des pistes pour apporter des remèdes, des solutions.

Le premier de ces motifs est qu'il s'ajoute à la crise, après environ quarante ans de protection sociale soutenue, des habitudes particulièrement néfastes pour l'efficacité collective. Le second est la mentalité d'assistés, le maintien des avantages acquis : environ 85 à 90 % des Français, d'après les sondages, estiment que la « sécu », telle que nous la connaissons, est un tabou, une priorité. C'est un fait dont il faut bien tenir compte.

En définitive c'est le progrès technique, couplé à la soif de consommation et au besoin de sécurité, qui nous ont conduits progressivement aux graves difficultés actuelles.

Alors ? Comment briser cette spirale descendante dont le débit d'aspiration ne semble pas vouloir se calmer ? Des remèdes divers, variés, spécifiques, existent ; mais, évidemment, il n'y a pas de recette miracle et générale.

L'innovation a été un fantastique moteur du progrès technique et technologique. L'imagination créatrice a été, dans ces domaines, efficace, débridée, parfois fulgurante. Elle s'est ensuite emparée du commerce, de la vente, de tout l'aval de la production pour inciter à la consommation.

L'innovation technique et industrielle qui nous a donc conduits où nous en sommes doit-elle être accusée, condamnée, rejetée ? Pas du tout ! C'est au contraire à elle de nous sortir de là.

C'est avec satisfaction que l'on avait vu en 1996 le Conseil des ministres mettre l'innovation à son programme. Il n'est jamais trop tard pour bien faire et l'on ne peut pas trop brusquer les choses. Aussi le Conseil des ministres s'était-il surtout limité à l'innovation technologique, aux secteurs manifestement porteurs pour les années à venir.

Où en est-on actuellement ? Nous avons l'impression que la France et l'Europe patinent : les dépenses en recherche et développement des 500 plus grandes entreprises européennes ont reculé de 2 % en 2003 et représentent 100 milliards d'euros. Pendant ce temps ces dépenses ont progressé de 4 % dans les 500 plus grandes entreprises hors de l'Union européenne où elles atteignent un montant de 196 milliards d'euros. Il est inquiétant de constater que douze sociétés classées dans les vingt-cinq plus grandes européennes ont réduit leurs dépenses de recherche en 2003, contre seulement quatre aux États-Unis.

Un état d'esprit

Comment être créatif, efficace et innovant en toute circonstance ? Le présent livre se propose d'apporter une réponse, parmi d'autres, à cette question.

L'innovation est d'abord, un état d'esprit ; curiosité, fraîcheur, joie de vivre en sont des ingrédients nécessaires. Mais il faudra aussi acquérir et développer d'autres qualités. Il faut aussi des défauts qui constituent souvent un excellent moteur et ont un caractère indispensable.

Armé d'un harmonieux ensemble de qualités et de défauts percutants et choisis, l'homme innovant ou le groupe d'hommes innovants, n'arrivera à rien s'il n'adopte pas des attitudes adaptées. Il lui faut encore quelques principes ou consignes de base agrémentés de règles d'action.

En particulier qu'il sera inefficace, si, après la phase de créativité conduisant à l'idée nouvelle, il est incapable de bien maîtriser le temps et, plus généralement, s'il n'est pas superbement organisé dans les phases de passage à l'acte menant à l'innovation proprement dite, s'il n'est pas préparé au travail en groupe, indispensable à la réalisation pratique des idées créatrices.

Et si l'enthousiasme est indispensable, il n'est pas suffisant, il faut y ajouter de la compétence et du travail.

Passe-moi le sel !

Assez friand de slogans et de formules lapidaires (dans cette époque de spots et de scoops) je propose, d'entrée, « **passe-moi le sel !** » pour contribuer à assaisonner un peu cette vie actuelle ! Pour atténuer la fadeur de l'approche routinière, édulcorée, conditionnée, des problèmes.

Passe-moi le sel ! pour en mettre quelques grains dans notre plaie, faire un peu mal et provoquer une réaction régénératrice.

Mais il ne faut pas s'arrêter là.

Il faut des comportements **innovants** de type « frais » et « joyeux » procurant d'abord une certaine **saveur** à l'existence, il faut savoir se faire plaisir, et ensuite et surtout l' **efficacité**.

Avant de nous lancer dans l'aventure de cette nouvelle approche nous devons d'abord faire un « état des lieux » et préciser en quelques pages les caractéristiques de l'innovation dans l'industrie et le monde économique.

Ce préambule est indispensable pour mieux comprendre la suite et voir que l'approche intuitive n'est pas incompatible avec l'approche systématique de l'innovation. Elle en est un complément qui m'apparaît fort utile.

1

L'INNOVATION INDUSTRIELLE ET ÉCONOMIQUE

- *Définition de l'innovation*
- *Objectifs économiques de l'innovation*
- *De l'innovation aux nouvelles technologies*
- *Créativité, veille stratégique, idée nouvelle, innovation*
- *Deux niveaux d'innovation : continue ou de rupture*
- *Formes d'innovation : manufacturières ou organisationnelles*
- *Innovation et exemple japonais*
- *Le projet innovation : faisabilité et propriété industrielle*
- *Les sociétés innovantes*
- *Deux approches distinctes de la créativité*

La nécessité d'innover et de se diversifier est maintenant un fait bien connu et admis dans l'industrie et dans l'économie en général.

Être au courant des évolutions dans son secteur d'activité est un impératif vital. Il n'est pas possible de se contenter de produire correctement en étant au niveau des meilleurs, cela ne suffit plus ; les données économiques et technologiques évoluent sans cesse et il faut surveiller les tendances, déceler les indices de changement, essayer de deviner les synergies possibles, anticiper, être toujours prêt à innover. Il importe d'optimiser en permanence le fonctionnement de la chaîne : **recherche** $\Rightarrow$ **innovation** $\Rightarrow$ **production** $\Rightarrow$ **vente** $\Rightarrow$ **profit** qui va de l'idée nouvelle au marché.

L'innovation a été un fantastique moteur du progrès technique et technologique. Elle s'est ensuite emparée du commerce, de la vente, de tout l'aval de la production pour inciter à la consommation. L'imagination créatrice a été, dans ces domaines, efficace, débridée, parfois fulgurante.

L'innovation a aussi, malheureusement, largement contribué à l'impasse économique et sociale actuelle ; cependant elle doit non seulement être développée encore et toujours mais, de plus, être généralisée à l'organisation, au social, à la politique.

Avant d'attaquer, dès le prochain chapitre, la créativité, nous devons examiner, sans trop nous attarder, quelques caractéristiques de l'innovation dans l'industrie et le monde économique en général

Définition de l'innovation

Nous proposons la définition suivante (1)[1] :

L'innovation est l'introduction effective, dans le circuit économique, de ce qu'on a inventé ou découvert et qui constitue un progrès.

L'innovation fait suite à la recherche et précède la production. Il convient de noter que le terme « développement » est souvent, dans l'industrie, synonyme d'innovation.

---

1. Le numéro renvoie à la référence citée en bibliographie.

Objectifs économiques de l'innovation

Des incitations à l'innovation

Au niveau national des efforts sont faits depuis des années pour inciter les entreprises à innover.

Nous avons signalé dans l'introduction les PMII (Programmes Mobilisateurs pour l'Innovation Industrielle) lancé en janvier 2005. Ils viendront compléter et étendre l'analyse faite par l'opération FUTURIS, lancée par l'ANRT (Association Nationale de la Recherche Technique) en 2003/2004, large concertation nationale à laquelle nous avons eu l'honneur de participer en qualité de correspondant, concertation ayant pour objectifs « d'améliorer la compréhension globale du système français de recherche et d'innovation, d'éclairer sur ses évolutions possibles et de mobiliser l'ensemble des énergies, en vue de construire une stratégie concertée de recherche et d'innovation pour la France en Europe ».

Technopolis France, dans la collection *FutuRIS* a publié l'étude « Les dimensions de politique publique des systèmes nationaux d'innovation » d'où *Les cahiers français* n° 323 de novembre-décembre 2004 ont tiré les éléments suivants, sous le titre « Les instruments de la politique d'innovation en France » :

Trois points-clés

Trois points-clés sont à retenir :

La politique de l'innovation résulte d'un empilement historique d'instruments qui sont rarement évalués,

Les moyens financiers sont concentrés sur les actions neutres en termes sectoriels

La dernière décennie montre une réorientation vers la promotion de l'innovation dans les PME et les interactions public-privé.

Deux types d'instruments

Deux types d'instruments peuvent être distingués.

9

❏ *Les instruments incitatifs*

Ils sont destinés à stimuler l'innovation et la mise en réseaux des acteurs de la recherche et de l'innovation. Les principaux acteurs de ces instruments sont l'ANVAR et la BDPME (Banque de développement des PME).

Ces instruments incitatifs peuvent être neutres ou programmatiques.

Les instruments incitatifs neutres (en termes sectoriels) comprennent notamment les crédits d'impôt recherche, l'avance à taux zéro, les FCPI (déduction fiscale innovation), incubateurs publics, CRITT (Centres régionaux d'innovation et de transfert technologique), bourses CIFRE (Conventions industrielles de formation par la recherche).

Les instruments incitatifs programmatiques sont destinés à encourager l'innovation dans des domaines scientifiques et techniques ciblés, par exemple réseaux nationaux de recherche dans le domaine des télécommunications, de la santé, des logiciels : RNRT, RNTS, RNTL…

❏ *Les mesures non financières*

Elles ont pour objectif la mise en réseau des acteurs de la recherche et de l'innovation : ECRIN, ANRT, SAIC (Services des activités industrielles et commerciales) dans les universités, RDT (Réseaux régionaux de développement technologique).

En février 2005 *FutuRIS* a publié une petite plaquette « Le système français de recherche et d'innovation » sous titrée « Propositions pour une réforme ».

Quatre objectifs de réforme sont proposés :

Savoir faire des choix.

Rendre l'initiative aux chercheurs, aux laboratoires.

Encourager les collaborations entre les secteurs privé et public.

Stimuler l'innovation.

C'est bien sûr dans ce quatrième objectif que se situe notre ambition, faire jaillir la créativité. On lira avec intérêt les fichiers détaillant ces propositions ainsi que divers documents Futuris en les téléchargeant à partir du site http :/ /www.operation-futuris.org.

Nous pouvons dire qu'un effort très sérieux est fait, en France, pour dynamiser et généraliser l'innovation. Mais on ne parle pas beaucoup de la créativité, pourtant sans elle, pas d'innovation !

Pas d'innovation sans créativité

Au niveau international, les pays développés accordent tous une place majeure au thème de l'innovation. L'OCDE (Organisation de coopération et de développement économique), dans le remarquable « *Manuel d'Oslo* » (2), fait une étude très complète des caractéristiques générales de l'innovation.

Nous avons présenté le *Manuel d'Oslo,* dont la première édition est parue en 1992 et la seconde en 1997, dans notre dernier ouvrage paru en 2004 (1). Il a pour thème et titre « *Principes directeurs proposés pour le recueil et l'interprétation des données sur l'innovation technologique* ». Il est publié dans la série d'études « La mesure des activités scientifiques et technologiques. ».

Nous en reprenons ici quelques points majeurs pour notre démonstration de l'intérêt vital de l'innovation industrielle et économique.

Retenons d'abord les points fondamentaux suivants :

« **Au niveau macroéconomique,** il existe un solide réseau de faits montrant que **l'innovation est *le* facteur dominant de la croissance économique** nationale et de la spécialisation commerciale des pays. »

« **Au niveau microéconomique** (c'est-à-dire au sein des entreprises), la R&D apparaît comme un élément qui renforce l'aptitude d'une entreprise à assimiler et utiliser toutes sortes de connaissances nouvelles et pas seulement des connaissances technologiques. » (item 60, page 17).

« La recherche sur l'innovation a mis en relief **un point capital,** à savoir que **la plus grande partie des connaissances essentielles,** en particulier des connaissances technologiques, **n'existe pas sous forme écrite.** » (item 82, page 24).

Cette constatation confirme l'importance du renseignement, de l'information informelle, importance que nous avons soulignée, montrée, expliquée, dans *L'intelligence économique.* (1)

Il importe de préciser que le *Manuel d'Oslo* :

– porte uniquement sur l'innovation dans le secteur des entreprises ;
– concerne l'innovation au niveau de l'entreprise ;
– est centré sur l'innovation technologique de produit et de procédé (innovation TPP) tout en proposant des lignes directrices facultatives pour d'autres formes d'innovation telles que le changement organisationnel qui prend une importance croissante (item 14, page 8).

Nous retiendrons dans ce domaine trois types d'innovation.

❏ L'innovation technologique de produit

C'est la mise au point et la commercialisation d'un produit plus performant dans le but de fournir au consommateur des services objectivement nouveaux ou améliorés. Le terme produit, il faut bien le préciser, concerne des biens ou des services et non uniquement les produits manufacturés. Un logiciel, un progiciel, sont des produits.

Cette innovation technologique de produit peut prendre deux formes distinctes :

– produits technologiquement nouveaux ;
– produits technologiquement améliorés. (item 135, page 37)

❏ L'innovation technologique de procédé

Elle recouvre l'adoption de méthodes de production technologiquement nouvelles ou sensiblement améliorées, y compris les méthodes de livraison du produit. (item 141, page 39). Elle peut faire intervenir des changements affectant les matériels, les ressources humaines ou les conditions de travail

❏ Innovation dans l'organisation au sein de l'entreprise

Elle comprend :

– la mise en place de structures sensiblement modifiées dans l'organisation ;
– la mise en place de techniques avancées de gestion ;
– l'adoption par l'entreprise d'orientations stratégiques nouvelles ou sensiblement modifiées. (item 156, pages 41-42)

L'item suivant précise qu'en principe, les changements dans l'organisation ne sont considérés comme des innovations que dans la mesure où ils ont un effet mesurable sur la production, par exemple une augmentation de la productivité ou des ventes.

L'étude aborde ensuite les classifications institutionnelles avant de passer au chapitre consacré à la « *Mesure de certains aspects du processus d'innovation* » où nous trouvons des éléments fort intéressants sur les objectifs économiques de l'innovation (item 224, pages 57-58) :

– remplacer les produits qui sont supprimés,
– étendre la gamme de produits,
– mettre au point des produits sans danger pour l'environnement,
– maintenir la part de marché,
– accroître la part de marché,

- ouvrir de nouveaux marchés,
- conférer davantage de souplesse à la production,
- abaisser les coûts de production,
- améliorer la qualité d'un produit,
- améliorer les conditions de travail,
- réduire les atteintes à l'environnement.

La figure 1 fait apparaître les objectifs économiques de l'innovation autour de quatre pôles :

- les produits,
- la production,
- le marché,
- l'environnement ;

Ce qui nous permet focaliser ces objectifs sur des paramètres clés.

FIGURE 1

Objectifs économiques de l'innovation

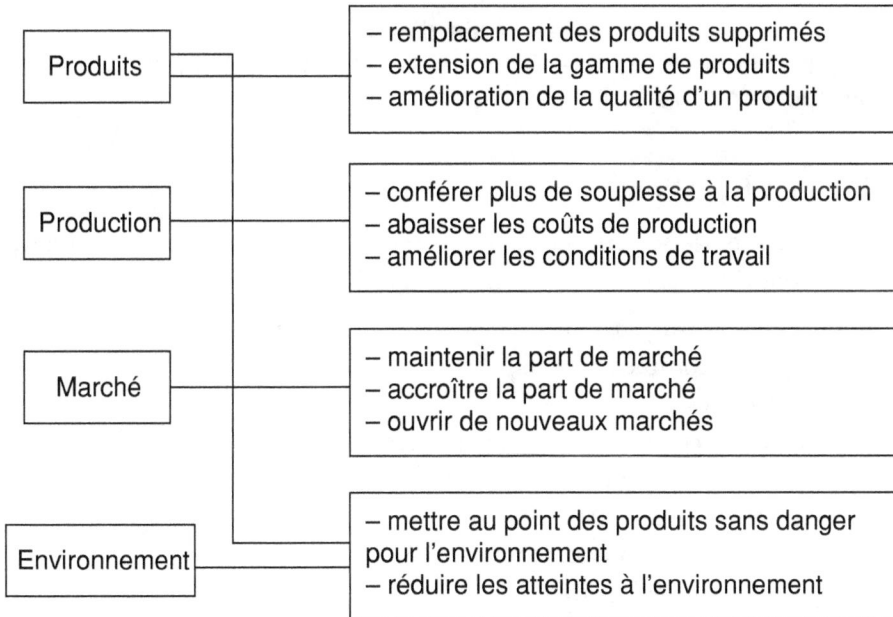

Produits	– remplacement des produits supprimés – extension de la gamme de produits – amélioration de la qualité d'un produit
Production	– conférer plus de souplesse à la production – abaisser les coûts de production – améliorer les conditions de travail
Marché	– maintenir la part de marché – accroître la part de marché – ouvrir de nouveaux marchés
Environnement	– mettre au point des produits sans danger pour l'environnement – réduire les atteintes à l'environnement

D'après Manuel d'Oslo, 1997, item 224.

Il est précisé que l'on peut arriver à l'abaissement des coûts de production de différentes manières, en :

réduisant les coûts salariaux par unité produite,

diminuant la consommation de matériaux,

diminuant la consommation d'énergie,

réduisant le taux de rejet,

réduisant les coûts de conception des produits,

réduisant les délais de production.

Cette double énumération montre que l'innovation orientée production est assez différente de l'innovation scientifique et technique au sens propre ; mais ces deux formes d'innovation sont tout à fait complémentaires.

Dans les **facteurs favorisant l'innovation** le *Manuel d'Oslo* cite les diverses sources d'information internes ou externes, institutions diverses, brevets, conférences, réunions et revues professionnelles, foires et expositions, sources que nous avons largement examinées et étudiées dans notre ouvrage (1).

De façon surprenante, les outils d'aide à la créativité ne sont pas mentionnés comme facteurs favorisant l'innovation alors que, pour nous, ils sont déterminants.

Freins à l'innovation

Il est intéressant de se pencher sur les facteurs freinant les activités d'innovation qui sont de deux ordres (item 226, pages 58-59) :

– **facteurs économiques :**
– risques perçus comme excessifs,
– coûts trop élevés,
– absence de sources appropriées de financement,
– durée excessive du temps de retour sur investissement.
– **facteurs propres à l'entreprise :**
– potentiel d'innovation insuffisant,
– manque de personnel qualifié,
– manque d'information sur la technologie,
– manque d'information sur les marchés,
– dépenses d'innovation difficiles à maîtriser,
– résistances aux changements dans l'entreprise,

– disponibilité insuffisante de services externes,
– absences de possibilités de coopération.

Un certain nombre d'autres freins de caractère général sont également mentionnés. Nous étudions dans le chapitre 5 « Attention ! Freins puissants ! » cette importante question des freins à la créativité et à l'innovation. Le manque de personnel qualifié, le manque d'information et les résistances aux changements constituent trois types de freins puissants que, malheureusement un certain nombre d'entreprises refusent de reconnaître.

Le *Manuel d'Oslo* aborde ensuite l'« impact des innovations sur les performances des firmes ».

Mais ce qui manque dans le *Manuel d'Oslo*, dans cette introspection très fouillée de l'innovation dans l'entreprise, c'est la prise en compte de la créativité qui nous apparaît essentielle à analyser, ce que nous nous proposons de faire dans cet ouvrage.

De l'innovation aux nouvelles technologies

L'innovation n'est pas une fin en soi, mais elle donne de l'impulsion à de nombreuses applications. L'une de ses conséquences directes majeures est l'apparition de nouvelles technologies, c'est-à-dire des mises en application de techniques nouvelles ou de nouvelles applications de techniques connues. Les innovations engendrent de nouvelles technologies et, parmi celles-ci, certaines jouent un rôle moteur dans l'économie.

On peut s'inspirer du cabinet A.D. LITTLE – cité dans (3), page 69 – qui les classe en quatre catégories distinctes :

1. les technologies de base : il est indispensable de bien les maîtriser car elles sont vitales pour produire, pour exercer une activité, mais elles ont peu d'impact concurrentiel ;

2. les technologies clés : très importantes, elles ont été cataloguées et évaluées par le secrétariat d'État à l'Industrie dans l'importante étude *Technologies clés 2005* (4) dont la suite, *Technologies clés 2010* est en chantier en 2005. Elles sont en cours d'exploitation par l'entreprise et possèdent un impact concurrentiel considérable ;

3. les technologies de pointe : elles sont encore en cours d'expérimentation mais la phase d'exploitation est proche. Elles présentent d'intéressantes

perspectives de différenciation et constituent les opportunités de développement de l'entreprise ;

4. les technologies émergentes : elles viennent de naître et sont au stade de la recherche ou au début du développement. Elles présentent un espoir de différenciation intéressant, mais il y a des risques.

Comme le dit justement le J.-C. TARONDEAU – page 69 de la référence (3) - : la position technologique d'une entreprise dans un segment stratégique s'apprécie par :

— sa capacité à maîtriser les technologies clés ;
— sa facilité d'accès aux technologies de base ;
— sa capacité à intégrer rapidement les technologies de pointe ;
— son aptitude à surveiller le développement des technologies émergentes.

Cycle de vie des technologies

Les technologies émergentes ou de pointe aujourd'hui peuvent devenir des technologies clés dans un avenir plus ou moins proche. De même, les technologies clés sont susceptibles de se diffuser rapidement puis, en quelques années, de se transformer en technologies de base.

Le patrimoine technologique évolue et la veille technologique permet d'en suivre les évolutions et d'y réagir rapidement.

Créativité, veille stratégique, idée nouvelle, innovation

L'idée nouvelle résulte de la conjonction de la créativité et de l'analyse des informations émanant des secteurs techniques et de la concurrence. Il s'agit des documents publiés, captés, dans le dispositif de veille stratégique ou d'intelligence économique, par les profils de diffusion sélective de l'information, concernant en particulier les brevets. Mais l'information informelle, les renseignements concernant les concurrents jouent également un rôle important.

Insistons sur le fait que s'inspirer des autres, c'est bien, mais ce n'est pas suffisant. **Il est nécessaire de mettre en place des dispositifs favorisant la créativité** sinon on risquerait d'avoir une attitude trop défensive, de négliger les opportunités de développement que préconise la veille stratégique.

Souvent cette idée nouvelle n'a pas d'intérêt pratique, c'est le processus de validation qui va permettre de juger de la suite à donner : l'expérimentation, les essais et, s'ils apportent quelque chose, sans perdre de temps, le dépôt du ou des brevets pour protéger l'invention.

En effet, s'il est indispensable de savoir ce que font les autres, pour s'inspirer d'eux et aussi pour ne pas réinventer la poudre, il ne faut pas s'arrêter là ! Il ne faut pas se contenter d'une attitude purement contemplative d'où la nécessité de coupler à cette surveillance une politique active de propriété industrielle comme le recommandait, dès 1989, le groupe « Veille technologique et politique de brevets » de la Commission RIBOUD du Xe Plan.

Cette prescription est valable pour la grande majorité des entreprises ayant une activité technologique. Elle est moins évidente pour les grands groupes à dominante commerciale, comme par exemple Danone (même si la branche emballage, les différentes activités de recyclage, le développement des alicaments, nécessitent aussi une politique active de propriété industrielle).

Le passage à l'acte, l'introduction dans le circuit économique de ce qu'on a inventé et protégé par des brevets, constitue l'innovation telle que nous l'avons définie. Elle demande du temps, nécessite le travail en groupe et correspond au développement qui est l'étape préparant l'introduction sur le marché.

FIGURE 2

Rattacher CRÉATIVITÉ-INNOVATION et VEILLE STRATÉGIQUE

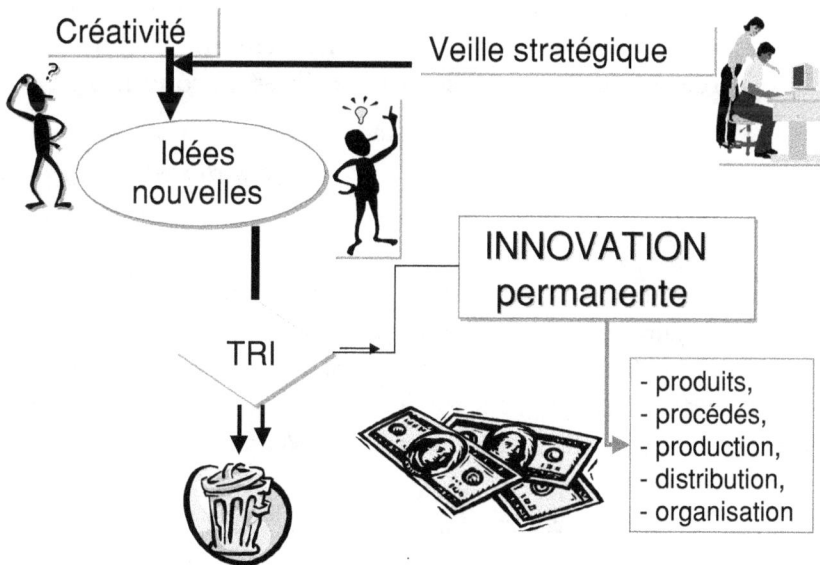

La figure 2 montre que pour viser une politique d'innovation permanente, il convient de coupler la créativité à la veille stratégique (ou à l'intelligence économique), couplage d'où émaneront les idées nouvelles dont certaines, après un tri judicieux, conduiront à des innovations intéressantes.

Définition de la créativité

Revenons à la créativité proprement dite et commençons par sa définition. Deux dictionnaires, parmi les plus connus, donnent des définitions complémentaires qui correspondent bien au concept de créativité des spécialistes de l'innovation.

Pour le premier dictionnaire c'est **l'aptitude à créer, à inventer, qui, pour s'exprimer et se développer, exige des conditions socioculturelles favorables.**

Pour le second, il s'agit d'**une dynamique d'anticipation intuitive, d'imagination et d'inconscient qui s'appuie sur divers processus pour mettre au jour des structures nouvelles.**

Les conditions socioculturelles évoquées recoupent les conditions de naissance et de développement de l'innovation : dans une société où personne ne croirait plus au progrès, il faudrait s'attendre à la disparition progressive de la créativité industrielle et commerciale. Heureusement, nous n'en sommes pas là.

Nous rappellerons notre définition de l'innovation : introduction effective, dans le circuit économique, de ce que l'on a inventé et découvert et qui constitue un progrès. Dans ce contexte, **la créativité peut être définie comme l'aptitude à créer les idées nouvelles susceptibles de conduire à l'innovation.**

> *« Je ne cherche pas, je trouve. »*
> PABLO PICASSO

D'abord, tout le monde n'est pas Picasso, génie hors normes et, de plus, dans notre étude, laissant de côté la créativité artistique, nous nous intéresserons uniquement à la créativité industrielle et commerciale qui, en amont de l'innovation, permet, en permanence de réaliser des progrès qui sont le moteur de l'économie. Et là, pour trouver, il faut vraiment chercher.

> *« Des chercheurs ? On en trouve. Des trouveurs ? On en cherche. »*
> CHARLES DE GAULLE

Pourquoi ? Parce que, comme l'écrivait PIERRE DOUZOU de l'Académie des sciences :

« La curiosité maladive ne garantit pas le succès en recherche et donc en innovation. Il s'y ajoute une autre qualité, la créativité, grâce qui bouscule les dogmes, les idées reçues. Et la sélection universitaire française basée sur des dons d'accumulation des connaissances peut nuire à la naïveté infantile qui inspire souvent les artistes ». (*Libération,* 10 janvier 1995, *« Qu'est-ce qui fait un chercheur qui trouve ? »*)

Il rappelait que dans la folle période de l'après-guerre, nombre de chercheurs venaient de tous les horizons de la société : tel pionnier de l'étude des acides nucléiques avait été commis voyageur au Canada, le découvreur du carbone 14 était un ancien musicien de jazz de Chicago, et la recherche attirait aussi des militaires et même des ecclésiastiques.

Deux niveaux d'innovation

L'innovation de continuité

La quasi-synonymie entre innovation et développement dans le monde de la R&D s'applique en fait aux innovations les plus courantes, à celles qui n'apportent qu'une petite évolution positive. Il y a activité inventive mais relativement modeste. L'immense majorité des brevets actuellement délivrés concernent ces **innovations continues, étapes** de l'évolution harmonieuse de notre si jolie civilisation technico-économique. C'est le cas, par exemple, pour la fabrication d'un nouveau type d'éolienne, pour la mise en œuvre d'un nouveau procédé de fabrication de fibres techniques ou pour l'implantation d'un nouveau dispositif de distribution automatique. (Les innovations continues sont également qualifiées d'incrémentielles par certains auteurs, ce qui est une terminologie parfaitement valable).

L'innovation de rupture

On distingue ces innovations continues des **innovations de rupture**, rares et extrêmement importantes (transistor, laser, T.G.V., cartes à puce...)

– Le T.G.V. représente une innovation de rupture incontestable de la fin du XXe siècle qui a bouleversé les habitudes de millions de Français.

– L'Internet a révolutionné ensuite la planète entière et constitue une exceptionnelle innovation de rupture.

– Les cartes de crédit, puis les cartes à puce sont d'autres exemples de ce type d'innovation, appliqué à des services grand public.

La figure 3 schématise ces deux niveaux d'innovation.

FIGURE 3

Les 2 niveaux d'innovation

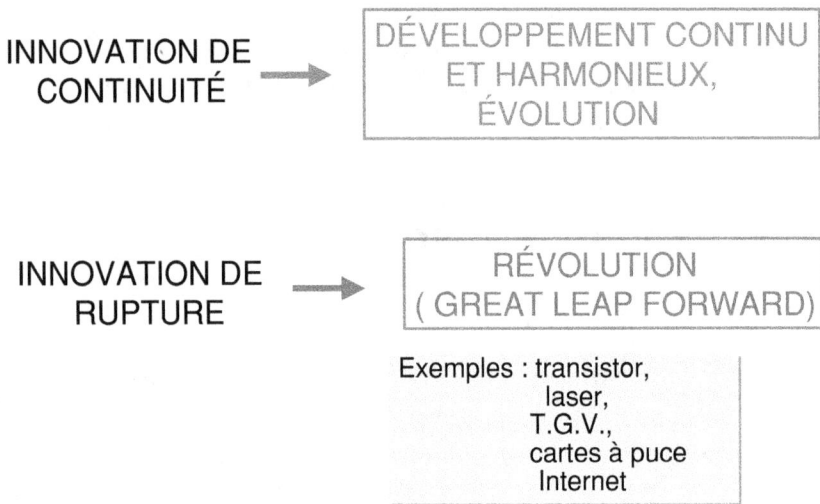

INNOVATION DE CONTINUITÉ →	DÉVELOPPEMENT CONTINU ET HARMONIEUX, ÉVOLUTION
INNOVATION DE RUPTURE →	RÉVOLUTION (GREAT LEAP FORWARD)

Exemples : transistor,
laser,
T.G.V.,
cartes à puce
Internet

Deux formes d'innovation

L'innovation peut revêtir deux formes différentes :

– **technique** : elle concerne alors un produit, un procédé, un appareillage, une application ;

– **organisationnelle** (ou immatérielle) : elle est relative à une méthode, une organisation, un service.

C'est l'innovation technique qui nous préoccupe le plus souvent dans l'industrie ; comme nous l'avons déjà indiqué, elle coïncide alors fréquemment avec la notion de développement : le « développement de procédé » peut être l'étape suivant immédiatement la recherche et conduisant à un nouveau procédé de fabrication ou à une amélioration de l'ancien. Parallèlement, le « développement de produit » conduit, lui, à la fabrication industrielle d'un nouveau produit.

La figure 4 montre que les innovations techniques peuvent concerner un appareil, un produit, un procédé ou une application alors que l'innovation immatérielle concerne une méthode, une organisation ou un service.

FIGURE 4
Les deux formes d'innovation

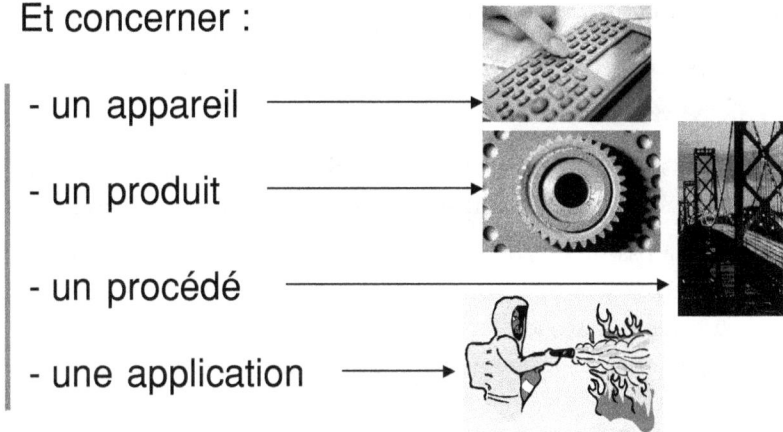

1 . L'innovation peut être TECHNIQUE (Technologique)

Et concerner :

- un appareil
- un produit
- un procédé
- une application

2 . L'innovation peut être IMMATÉRIELLE

Et concerner :
- une méthode
- une organisation
- un service

Il correspond à l'innovation immatérielle les technologies que l'étude Techno-logies clés 2005 (4) qualifie de technologies organisationnelles et d'accompa-gnement. Nous y reviendrons.

Qu'elle soit **technique ou organisationnelle**, l'innovation va se heurter en général à une opposition, parce qu'elle implique un changement de fonction-nement qui se traduit par une remise en cause du travail de certaines personnes et, de plus, par un besoin d'argent pour sa mise en œuvre. C'est un point que nous avons déjà abordé dans le paragraphe relatif au *Manuel d'Oslo* et que nous retrouverons dans un chapitre ultérieur.

Innovation et exemple japonais

La réussite économique éclatante du Japon, qui s'est spécialisé depuis longtemps dans un ratissage organisé, minutieux, général, des informations publiées dans l'ensemble du monde et plus particulièrement dans les principaux pays industrialisés est un exemple à méditer.

Car cette surveillance systématique suivie d'une exploitation rationnelle a, de l'avis général, fortement contribué à l'éclatant succès japonais. Pourquoi ne pas imiter dans cette voie ce pays qui fut lui même un grand imitateur avant de devenir un extraordinaire créateur ?

Trois mots-clés

Formé à la veille stratégique et convaincu de son importance, je l'ai souvent schématisé sous forme de trois mots-clés : innovation, Japon, réseaux

On ne sera pas surpris de voir que l'innovation occupe la première place : c'est parce que nous sommes condamnés à innover que nous devons surveiller les secteurs techniques et les concurrents, que nous devons nous inspirer de l'exemple japonais, que nous devons utiliser des réseaux.

Deux slogans

J'ajoute à ces trois mots-clés, deux slogans :

« *J'innove donc je veille.* » et insiste sur la nécessité, pour innover, de bien savoir ce que font les concurrents, point que nous avons mentionné plus haut.

L'expérience, celle du Japon comme celle des autres, montre que ce slogan est « commutatif » : « *Je veille donc j'innove.* »

En effet veiller, surveiller, favorise la réflexion, engendre l'imitation, élargit le champ de vision, favorise la synergie.

Le projet innovation : faisabilité et propriété industrielle

Les trois étapes du processus d'innovation

Revenons à la figure 2, car elle schématise bien l'ensemble du cheminement conduisant de l'idée nouvelle au marché (représenté par des liasses de billets symbolisant le profit) et montre que **les actions de veille stratégique et d'innovation doivent être étroitement associées.**

Elle montre que l'idée nouvelle peut provenir :

– soit de la créativité propre de l'émetteur (individu ou groupe),
– soit de la veille stratégique, de la connaissance de l'environnement technique et du marché,
– soit, le plus souvent, d'un mélange de ces deux sources.

❏ *La première étape du processus d'innovation, le couple créativité-idée nouvelle*

Elle est capitale et c'est ici de loin celle qui nous préoccupe le plus, celle à laquelle nous consacrerons l'essentiel de notre énergie, de nos réflexions, de nos efforts.

❏ *La seconde étape, le tri*

Il comporte la validation de l'idée, les essais pour en déterminer l'intérêt et, si celui-ci est confirmé, le dépôt d'un brevet sera décidé pour s'assurer pratiquement la possibilité de la réalisation industrielle.

❏ *La troisième étape, le développement*

Cet élément de l'innovation permanente, constitue le passage à l'acte, à la réalisation pratique qui, nous l'avons vu à plusieurs reprises, dans le cas de l'innovation technique, prend souvent le nom de développement. Nous trouverons ainsi, comme indiqué plus haut, le développement de produit, le développement de procédé et aussi les applications de ces formes d'innovation.

Cette troisième étape se caractérisera par une rigueur méthodique qui n'avait pas cours dans la première phase : c'est **le cartésianisme du** passage à l'acte, indispensable pour passer de l'idée nouvelle à la réalisation pratique.

L'essentiel du présent ouvrage est constitué par la créativité et la naissance des idées nouvelles ; c'est donc surtout la première étape qui va être disséquée et exploitée en détail. Néanmoins nous allons consacrer quelques pages à cette troisième étape.

La figure 5, **Chances d'aboutissement d'un projet d'innovation**, montre que lorsqu'une idée à été estimée digne de devenir une innovation, il faut, en parallèle s'intéresser à sa faisabilité et aux problèmes de propriété industrielle.

Nous devons d'abord insister sur le fait qu'en préambule au développement de tout projet innovant, il y a lieu d'examiner, comme nous l'avons développé dans la référence (1) :

la cohérence avec la stratégie de l'entreprise ;

la faisabilité technique ;

l'aspect propriété industrielle ;

l'analyse détaillée des composantes techniques, économiques et financières du projet.

FIGURE 5
Chances d'aboutissement d'un projet d'innovation

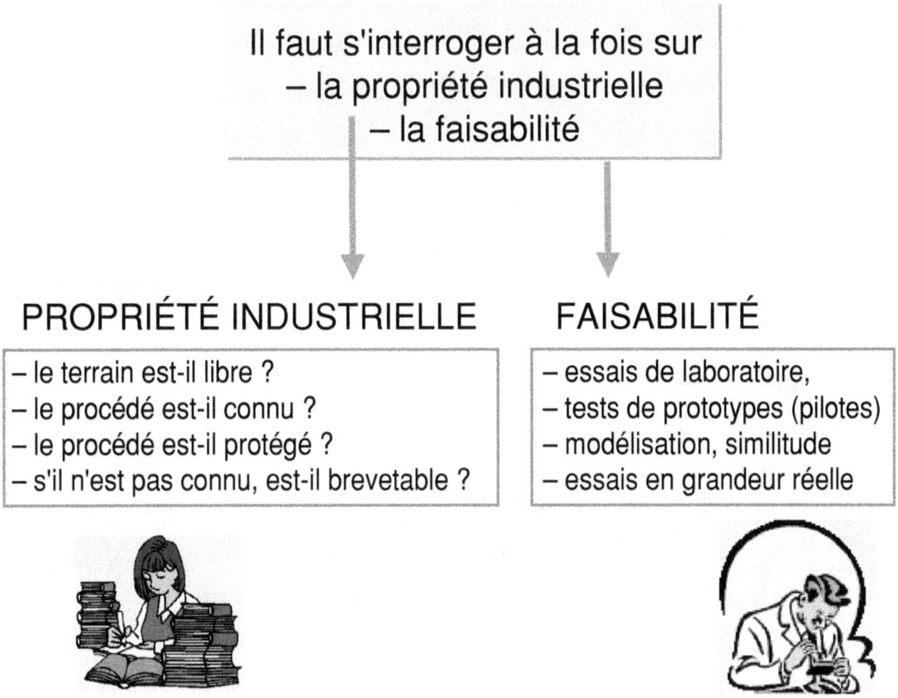

Il faut s'interroger à la fois sur
– la propriété industrielle
– la faisabilité

PROPRIÉTÉ INDUSTRIELLE

– le terrain est-il libre ?
– le procédé est-il connu ?
– le procédé est-il protégé ?
– s'il n'est pas connu, est-il brevetable ?

FAISABILITÉ

– essais de laboratoire,
– tests de prototypes (pilotes)
– modélisation, similitude
– essais en grandeur réelle

Faisabilité technique et propriété industrielle

L'idée étant née, il s'agit ensuite de juger de son intérêt, et à cet effet de s'interroger sur :

– la faisabilité technique : l'idée est-elle réalisable ?
– la propriété industrielle.

Pour la faisabilité cela se traduit par :

– des essais de laboratoire ;
– des tests à plus grande échelle (prototypes, opérations pilotes…) ;
– des études de modélisation ;
– des études de similitude (réduite ou totale).

Parallèlement et, bien sûr, **avant tout engagement financier important**, il est absolument indispensable d'avoir une réflexion et une étude approfondie de propriété industrielle. Cette étude doit être engagée le plus tôt possible, tout au début des études de faisabilité. Il serait en effet absurde de se lancer tête baissée dans les opérations mentionnées ci-dessus sans avoir, au préalable examiné les aspects de propriété industrielle :

— le terrain est-il libre ?
— le procédé est-il connu ?
— le procédé est-il protégé ?
— s'il n'est pas connu, est-il brevetable ?

À ce niveau l'avis de spécialistes de la propriété industrielle, de juristes, est indispensable, la compétence technique des ingénieurs et techniciens n'étant pas suffisante.

Nous rappelons que sans :

— nouveauté,
— activité inventive,
— application industrielle possible,

l'invention n'est pas brevetable (de plus elle ne doit pas porter atteinte aux bonnes mœurs).

Pour protéger les diverses créations industrielles et intellectuelles, plusieurs titres de propriété existent en France :

— les brevets d'inventions,
— les certificats d'utilité,
— les marques,
— les dessins et modèles.

On aura tous les détails sur ces différents titres en visitant le site de l'INPI, Institut national de la propriété industrielle : http ://www.inpi.fr

Les sociétés innovantes

Il est intéressant de noter que les entreprises qui innovent le plus sont celles qui ont le plus de chance de connaître de nombreux échecs. Mais cela ne les décourage pas, car innover, c'est aussi apprendre par les échecs, les exploiter, aller dans une voie différente de celle initialement prévue : généralement, on ne trouve pas exactement ce que l'on cherchait, il faut en être conscient dès le départ et s'y préparer.

Pour illustrer cela, nous pouvons prendre l'exemple de 3M, entreprise particulièrement innovante, qui sait réaliser des succès avec des échecs : partant d'une colle ratée et pas assez adhésive, dont on ne sait que faire, un innovateur a l'idée d'utiliser en la mettant sur le bord d'un bout de papier, que l'on peut alors coller et décoller plusieurs fois : voilà la curieuse naissance du post-it ! La fête continue pour ces petits papillons de papier puisque 3M proposait, quelques années plus tard, le distributeur automatique de post-it, petit container que vous collez où bon vous semble : sur le côté de votre micro-ordinateur, sur le tableau de bord de votre voiture, sur votre réfrigérateur…

Toujours chez 3M, un responsable de l'innovation raconte que l'échec du soutien-gorge jetable a aussi été transformé en succès, en utilisant la forme d'un bonnet pour en faire un masque chirurgical, qui lui, jetable, est un réel succès dans le monde hospitalier !

C'est à cela que l'on reconnaît une entreprise réellement innovante : c'est celle qui sait se servir de ses échecs pour rebondir.

J'ai consacré quelques lignes de mon dernier ouvrage (1) à cette société exemplaire montrant qu'en 2004, elle continue dans cette voie de l'innovation permanente et proclame :

« Aujourd'hui, 34 % du chiffre d'affaires de 3M sont réalisés avec des produits de moins de 4 ans et 10 % sont réalisés avec des produits lancés dans l'année. Cette réalité tient à un fait très simple : dès la création de la société, l'innovation s'est imposée comme une question vitale. »

Le ratio « dépenses de R&D / Chiffre d'affaires » est un bon indicateur de l'aptitude à l'innovation d'une entreprise. C'est assez souvent vrai et les sociétés pharmaceutiques pour lesquelles ce ratio est compris entre 12 et 20 %, sont particulièrement innovantes. C'est aussi le cas dans le domaine des NTIC, les nouvelles technologies de l'information et de la communication (où Sony et LG par exemple sont des groupes particulièrement innovants). Mais n'oublions pas que certaines sociétés ayant moins de 1 % de ratio R&D/CA sont des reines de l'innovation. Danone en est un exemple probant.

Deux approches distinctes de la créativité

Il existe deux types distincts de méthodes pour faire de la créativité et aboutir à l'innovation dans le monde industriel et commercial :

– les méthodes rationnelles, ou systématiques,

— les méthodes intuitives ou non rationnelles : c'est dans cette catégorie que se place sans équivoque « De l'idée au produit ».

Méthodes rationnelles

Nous citerons simplement, sans nous étendre, les plus connues (5)

❏ *L'analyse de la valeur (L.D.Miles)*

C'est une méthode de travail en groupe pour concevoir ou optimiser un produit afin de satisfaire au mieux les besoins des utilisateurs au meilleur coût.

❏ *Le QFD, Quality Function Deployment (Y. Akao)*

C'est une famille technologique permettant d'exprimer la vision stratégique, d'obtenir la voix du client et de la traduire en produits et processus spécifiques ; nous verrons que le QFD, couplé à deux outils d'aide à la créativité, TRIZ et TAGUCHI voit son importance croître.

❏ *L' analyse morphologique (F. Zwicky)*

C'est une méthode de créativité se basant sur la recherche des principales dimensions que comporte un problème et sur l'analyse des différentes valeurs de ces paramètres.

❏ *Le Six Sigma*

C'est une méthodologie et démarche d'investigation structurée, fondée sur l'analyse approfondie de données factuelles visant l'élimination des défauts et des dérives de tout processus, aussi bien dans l'industrie que dans les services. Comme le FQD, le Six Sigma est une méthode actuellement en expansion.

Méthodes « non rationnelles » ou intuitives

Elles permettent de stimuler la créativité en utilisant le potentiel amplificateur du travail en groupe. Nous citerons en particulier :

❏ *Le Brainstorming (A.F. Osborn)*

C'est une méthode de réflexion collective qui permet, à partir d'un travail de groupe de trouver une ou des solutions au problème posé. C'est ce que nous développons dans le présent ouvrage en particulier dans le remue-méninges et l'innoclub en action.

❏ *La Synectique (W. Gordon)*

C'est une technique de stimulation intellectuelle qui repose, à la fois, sur la recherche d'analogies (comparaisons) au problème posé et sur la fatigue qui joue un rôle dans le déblocage des idées (5)

❏ *La Pensée latérale (E. DeBono)*

C'est une méthode consistant à suivre successivement différentes logiques de pensée identifiées (méthode des six chapeaux) (5)

❏ *Notre approche intuitive personnelle*

C'est elle que nous développons dans les chapitres suivants.

2

L'ALCHIMIE DU COUPLE
CRÉATIVITÉ-IDÉE NOUVELLE

- *Une approche intuitive de la créativité*
- *La théorie des ingrédients*
- *L'innovation ? Une urticaire, une évolution qui dérange*
- *Individu ou groupe ?*

Une approche intuitive de la créativité

Il me semble que pour faire jaillir la créativité il convient d'avoir une réflexion approfondie sur la nature des différents « ingrédients » favorables à ce jaillissement.

Cette idée ne découle pas d'une génération spontanée, d'une grâce brusquement accordée par une puissance supérieure. Homme de recherche et développement, d'abord chimiste en laboratoire, puis spécialisé dans l'information scientifique, technique et économique, enfin dans la veille stratégique, j'ai été amené à écrire, avec un plaisir croissant et mal dissimulé, un certain nombre d'ouvrages sur ce dernier thème et sa forme actuellement la plus évoluée, l'intelligence économique, cousine germaine de la « *competitive intelligence* » des américains et des anglais. (1)

À côté de ces livres, parallèlement à leur rédaction, les cours que je donne depuis longtemps et continue à donner, en universités et grandes écoles, les conférences, les consultations et séminaires en entreprise, le suivi des thèses professionnelles ou doctorales m'offrent de très fréquentes occasions de discussions variées et approfondies, formidablement enrichissantes.

Les échanges peuvent être scientifiques, techniques, technologiques bien sûr, mais aussi économiques, politiques, financiers. Très souvent les considérations philosophiques, sociales, sociologiques, géopolitiques, interfèrent sur la veille stratégique ou l'intelligence économique et deviennent les thèmes d'échanges passionnés de points de vue.

Après cinquante, cent, cinq cents, mille, quinze cents, deux mille interventions de ce genre, l'orateur a tout naturellement engrangé une somme considérable d'informations informelles, non publiées, de recettes, de trucs de toute nature. Surtout si l'on y ajoute les participations aux foires, expositions, colloques, salons où les contacts interactifs sont multiples et variés et au cours desquels l'on ne fonctionne plus en émetteur pur, comme lorsque l'on rédige un ouvrage, mais en émetteur-récepteur.

Grâce à toutes ces sources d'échanges, j'ai pu glaner des idées, des préceptes, des recommandations pratiques ou théoriques, des formules, des slogans, des citations…

Les bases d'une approche intuitive de l'innovation

Ce vivier d'informations a été exploité pour en tirer le maximum, cette matière première multiforme a été triturée pour en extraire des éléments utiles à notre objectif : faire jaillir la créativité.

La collecte et la mise en réservoir

La figure 6 fait apparaître la première phase de l'approche intuitive de l'innovation : la collecte et la mise en mémoire d'éléments de réflexion, dans un réservoir approprié.

FIGURE 6

Bases d'une approche intuitive de l'innovation (1)

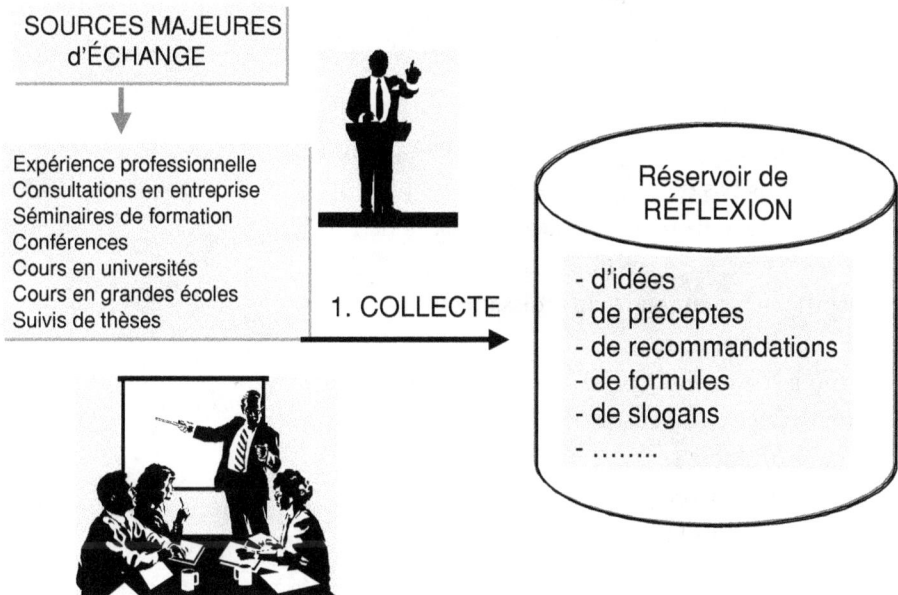

Sans vous imposer de longues litanies, je livre à votre réflexion quelques exemples, en vrac, les uns négatifs, la plupart positifs, extraits d'un réservoir de réflexion :

— faire feu de tout bois,

— savoir rebondir,

— sortir des sentiers battus,

— brasser les cultures

— savoir planifier

— travailler en groupe

— créer des réseaux

— sur quoi ne pas perdre de temps,

- désosser les échecs,
- respecter le temps, les délais
- loi de l'usure généralisée (tout s'use surtout les consignes et mots d'ordre)
- vive la passion
- ne pas rejeter l'utopie
- croire au progrès, même à un autre progrès
- suivre sa pente mais en montant
- être à volonté superficiel ou profond
- savoir changer d'altitude
- faire des tris
- le nouveau bond en avant
- il est prudent d'attendre
- pensez au principe de précaution mais sans abuser
- ne prenons pas de risque !
- de l'audace, encore de l'audace, toujours de l'audace
- économisons, ne gaspillons pas !
- gaspillons, ça engendre la croissance !
- un peu de fantaisie
- la modestie en entreprise
- l'ambition en entreprise
- le goût du lucre
- la liberté d'action
- laissez-les vivre !
- j'ai trouvé, mais ce n'est pas ce que je cherchais !

Exercice

Sélectionner dans la liste ci-dessus, qui comporte 32 éléments, les 20 que vous retiendriez.

Dans une seconde étape, ne retenez que 10 éléments sur les 20 sélectionnés.

Cet exercice est destiné à prendre l'habitude de faire des tris, des choix, correspondant à des priorités que l'on se fixe ou à des contraintes qui nous sont imposées.

Cette aptitude au choix est indispensable et, dans le cas ci-dessus, permet de se rendre compte que la vérité absolue n'existe pas et que, dans la vie pratique, un problème comporte toujours plusieurs solutions.

L'extraction

À la phase de collecte succède l'opération 2, l'extraction.

Les éléments du réservoir de réflexion qui sont l'expression

– de **qualités motrices,**
– de **défauts moteurs,**
– d'**attitude motrices,**

sont sélectionnés et retenus.

La figure 7 schématise cette seconde opération qui fait suite à la collecte.

FIGURE 7

Bases d'une approche intuitive de l'innovation (2)

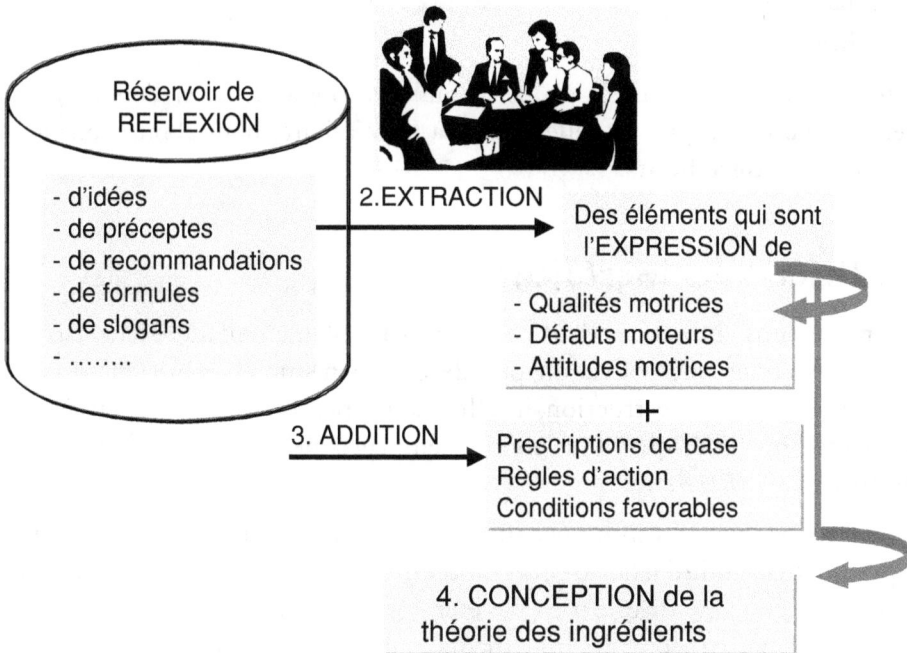

L'addition

Après cette extraction, une constatation s'impose. Il convient d'ajouter à cette sélection d'éléments variés :

– des prescriptions de base,

– des règles d'action,
– des conditions favorables.

C'est l'opération 3, l'addition.

Le mode de réalisation de ces opérations, comporte tris et classements ; il a largement utilisé le diabolique micro-ordinateur. La méthode ne vous sera pas imposée, rassurez-vous, en raison de son aspect technique. Indiquons seulement que le logiciel Excel, simple et de bon goût, est bien utile pour ce genre de distraction. Mais il n'est pas le seul et le Mind Mapping, sur lequel nous reviendrons car c'est un outil d'aide à la créativité également recommandé pour passer d'un remue-méninges débridé à une arborescence foisonnante.

Cette succession des trois opérations

– collecte,
– extraction,
– addition,

conduit tout naturellement à une formulation logique et, si l'on y ajoute l'emploi de techniques actuelles d'aide à la créativité, nous aboutissons à **la théorie des ingrédients**.

La théorie des ingrédients

Avant de nous embarquer dans cette aventure pleine de fantaisie constructive nous allons nous offrir un peu de cartésianisme en rappelant qu'une théorie est « une construction intellectuelle méthodique et organisée, de caractère hypothétique (au moins en certaines de ses parties) et synthétique » *(Robert)*.

Le caractère hypothétique est illustré par un certain nombre de principes dont la validité sera, au cours du temps, confrontée à la réalité pratique, à l'expérience. Cette théorie n'est pas éternelle, inamovible. Ainsi, la première mouture de notre théorie des ingrédients, publiée dans *L'intelligence économique* (1) a été modifiée. La théorie comporte maintenant non plus quatre mais cinq principes, car il nous a paru nécessaire d'y intégrer l'emploi d'outils d'aide à la créativité.

Premier principe

Il existe des INGRÉDIENTS favorables à la créativité, d'autres défavorables ou hostiles.

Deuxième principe

**Il existe des QUALITÉS MOTRICES,
des DÉFAUTS MOTEURS,
des ATTITUDES MOTRICES**

Troisième principe

**Ces ÉLÉMENTS MOTEURS doivent être associés à :
des RÈGLES D'ACTION,
des PRESCRIPTIONS DE BASE**

Quatrième principe

**Il faut ÉLIMINER des DÉFAUTS, des QUALITÉS,
qui sont des FREINS**

Cinquième Principe

**Il faut UTILISER des OUTILS D'AIDE à la CRÉATIVITÉ
pour FAVORISER les différentes phases du processus**

Cette alléchante théorie n'a de valeur que si nous sommes en mesure de la préciser, de l'étoffer pour la rendre applicable et de constater qu'elle est confirmée par un certain nombre d'expériences.

Nous créons ainsi un outil présentant un réel intérêt pour inciter à l'innovation généralisée et surtout à sa **première étape constituée par le couple créativité – idée nouvelle.**

Cette théorie est intéressante car elle **contient les bases d'une nouvelle approche, intuitive, de l'innovation** qui, sans se substituer à d'autres, plus classiques, s'y ajoute et contribue à renforcer l'arsenal dans ce domaine crucial parce que moteur pour l'économie.

Pas évident ?

En creusant un peu, si ! Vous verrez. C'est ce point de vue que je voudrais vous expliquer en espérant bien vous le faire partager.

Un outil prometteur ?

Peut-être certains sont-ils déjà choqués par cette approche incongrue, inhabituelle, et **pourtant... n'est-il pas tout indiqué d'être innovant dans ce domaine de l'innovation ?**

Armée de ma seule conviction, conviction suffisamment forte pour pouvoir être assimilée à une certitude, je me suis interdit de prendre connaissance de livres intégralement consacrés à l'innovation, ceci en dépit de mon métier qui a longtemps consisté à collecter et traiter l'information pour les chercheurs et innovateurs d'une grande société. La bibliographie systématique, sur ce sujet, bien entendu possible et dans certains cas utile, aurait eu, me semble-t-il, une action négative, quelque chose comme une érosion édulcorante.

Il apparaît ainsi possible d'apporter du neuf, de la nouveauté émanant, paradoxalement, de la seule expérience d'un vieux renard immergé pendant une quarantaine d'années dans l'industrie française puis dans la consultation stratégique.

Qu'est-ce que tout cela va bien pouvoir donner ? De quel monstre va-t-on accoucher ? Certains craignent le pire, je pense qu'ils ont tort.

Avant de passer au chapitre recensant et classant les qualités motrices nous devons aborder deux questions de fond :

– L'innovation n'est pas toujours bien acceptée, pourquoi ?

  - Est-elle l'affaire d'un individu ou d'un groupe ?

L'innovation ? une urticaire, une évolution qui dérange

> « L'homme n'est heureux que de vouloir et d'inventer. »
> ALAIN

Mettons-nous bien d'accord sur la définition de l'innovation telle qu'elle règne dans le monde des professionnels de la recherche et du changement et rappelons donc que, pour nous, c'est l'introduction effective, dans le circuit économique, de ce que l'on a inventé ou découvert et qui constitue un progrès.

Comme nous l'avons vu, l'innovation peut être continue, et représenter une évolution ; elle peut, beaucoup plus rarement, être révolutionnaire, c'est alors une innovation de rupture. Malgré cette rareté relative, notre époque est tout de même assez riche en inventions ou applications révolutionnaires, nous l'avons vu dans le chapitre précédent.

Qu'elle soit technique ou immatérielle, toute innovation va se heurter en général à une opposition, parce qu'elle implique un changement de fonctionnement qui se traduit par une remise en cause du travail de certaines personnes et, de plus, par un besoin d'argent pour sa mise en œuvre.

Il faut donc savoir que *l'innovation dérange* et ne sera que rarement acceptée de gaieté de cœur. Ceux qui la proposent devront travailler pour convaincre, se battre pour arriver à leurs fins. Il est bon qu'ils le sachent, pour s'y préparer avec sérénité, avec une tranquille assurance, étayée de préférence par de solides arguments, indispensables pour compléter l'optimisme jovial et le justifier. Ils devront également ne jamais perdre de vue que l'enthousiasme ne suffit pas, il faut aussi une solide compétence.

Cette opposition au changement peut s'expliquer par des raisons tout à fait valables, voire légitimes. On peut, par exemple, ne pas être d'accord sur le fait que l'innovation considérée représente un progrès ; ce dernier peut être réel sous l'angle technique ou économique mais se traduire par une régression sur le plan social ou humain.

Diabolique innovation

Allez donc expliquer aux employés des filatures du Nord que réaliser des pantalons ou des jupes dans une lointaine péninsule d'Extrême-Orient constitue un progrès économique, un gain considérable de prix de revient équivalant à une meilleure compétitivité. Ils et elles savent bien que ce changement d'organisation, cette diabolique innovation, va les conduire directement dans les files d'attente de l'A.N.P.E.

Cet exemple sera peut-être considéré comme excessif par certains lecteurs mais indique bien que ce ne sont pas uniquement les critères purement techniques ou économiques qui déterminent l'existence d'un progrès.

Inversement, l'abus de références et tabous sociaux peut, par facilité et démagogie, conduire à un immobilisme dramatique, basé sur de bonnes intentions mais glissant tranquillement et comme avec l'aide d'une anesthésie, vers la catastrophe finale que nous nous proposons justement d'éviter.

Individu ou groupe ?

Nous avons fait mention ci-dessus d'un groupe ou d'un club. Pourquoi ? Parce que nous nous sommes posés la question préalable suivante : l'innovation, en particulier sa première étape, la naissance de l'idée nouvelle, est-elle l'affaire d'individus ou de groupes ?

La lecture des principes de la théorie des ingrédients nous conduit déjà à remarquer que s'il faut un mélange choisi de qualités précises, assaisonnées de certains défauts, il n'est pas évident que l'on puisse trouver beaucoup d'oiseaux rares possédant justement ces caractéristiques.

Or nous souhaitons, nous préconisons, une innovation généralisée, étendue à « pas mal de monde » ; la solution passe donc beaucoup plus certainement par des groupes.

Réunir les qualités et les défauts moteurs

Il est certain qu'une équipe de cinq ou six innovateurs travaillant ensemble possédera, si elle est bien constituée, les qualités et défauts moteurs nécessaires aux opérations de création.

Bien entendu les rares individus possédant le panachage souhaité ne seront pas rejetés comme des malpropres, qu'allez-vous penser là ? ! Ils pourront soit agir seuls, soit être intégrés dans des groupes.

L'addition des aspects positifs s'accompagnera malheureusement de la somme possible des aspects négatifs : les freins sont souvent plus forts dans un groupe ; la fraîcheur, la spontanéité risquent d'y être réduites au profit du raisonnable. De même l'autocensure peut être plus fréquente dans une équipe que chez l'individu isolé.

Le second et le troisième principes sont des prescriptions, des recommandations s'appliquant aussi aisément aux groupes qu'aux personnes isolées.

Suivre les règles d'action

Il convient de se conformer à un ensemble d'instructions concernant les principes de base, d'acquérir les attitudes à adopter, puis, plus précisément, de suivre les règles d'action essentielles.

Dans *L'intelligence économique*, (1) nous recommandons de « laisser mariner quelque temps » l'idée nouvelle avant d'extraire l'idée qui va naître. Cela constitue un conseil, basé sur la constatation suivante où, quittant les analogies équestre puis culinaire, nous entrons dans le champêtre, l'agricole : le terrain est prêt, les graines semées, l'engrais ajouté, mais la naissance n'est pas immédiate, spontanée, il faut un certain temps pour que les idées nouvelles germent, afin qu'ensuite l'innovation puisse fleurir.

Les clubs d'innovation, les « innoclubs », que nous présenterons plus loin, et qui traduisent le choix délibéré **d'innover en groupe**, ont constaté expérimentalement la validité de ce conseil : **une idée nouvelle doit être peaufinée, nettoyée, « relookée » avant d'être présentée au jury de sélection, de tri des idées nouvelles.**

Êtes-vous prêt ?

Alors « fasten seat belts » ! Accrochez les ceintures ! Car nous traverserons sûrement de magnifiques zones de turbulence.

3

METTEZ DES QUALITÉS
DANS VOTRE MOTEUR

« Il y a de méchantes qualités qui font de grands talents. »
LA ROCHEFOUCAULD

- *La passion a toujours raison*
- *Être optimiste, ça s'apprend*
- *Garder sa faculté d'émerveillement*
- *La nécessaire imagination*
- *Être curieux, réceptif*
- *regarder, voir, écouter*
- *Et une couleuvre, une !*
- *À vos marques !*
- *Mes limites ? Quelles limites ?*
- *Un zeste de fantaisie*

« Le seul moteur pour gagner c'est : INNOVER. » Voilà un beau slogan ! Celui d'une publicité volontariste destinée à vanter les mérites de Renault, notre prestigieux constructeur, dans la compétition automobile de Formule 1. Si l'on en juge par les résultats très brillants de Renault dans cette compétition, comme dans son activité de « créateur d'automobiles », il faut convenir que ce slogan lui réussit parfaitement.

Cette volonté de gagner doit constamment animer l'innovateur, en Formule 1 comme ailleurs. Car contrairement à ce qui a longtemps été affirmé dans le domaine disparu du sport amateur, des jeux olympiques non pollués par l'argent, **l'essentiel, dans le monde économique, n'est pas de participer mais de gagner !** (1)

Chez Elf-Aquitaine, société maintenant décédée à laquelle je dois de très grandes satisfactions, (à peine édulcorées par quelques menues couleuvres facilement digérées), le slogan est beaucoup moins bestial, quasi philosophique et ressemble un peu à un sujet du bac où il serait loisible d'arbitrer un match entre notre bon vieux DESCARTES et KANT, jovial pourfendeur de la raison pure. De plus, alors que celui du concurrent s'adresse à ses clients, le nôtre était d'abord à usage interne, destiné aux quatre-vingts à quatre-vingt-dix mille salariés du groupe.

La passion a toujours raison

Voici donc ce slogan tout à fait déraisonnable.

Il paraît, mais ce n'est peut-être qu'une rumeur, que le célèbre publicitaire chargé de créer une formule digne du premier groupe industriel français a d'abord proposé « La passion a souvent raison » au président LE FLOCH-PRIGENT. LOÏK hocha la tête, sortit son Mont Blanc, ou un outil approchant, et rectifia la phrase en barrant « souvent » et en remplaçant ce mot par « toujours » ; il commenta : « j'aime beaucoup mieux ça ».

Comme on le comprend. Il ne faut pas « mégoter » avec un slogan, il doit souvent être excessif s'il veut être efficace. La première version « La passion a souvent raison », ne porte pas assez de passion, elle est trop raisonnable.

La version définitive est une affirmation que tous les passionnés apprécieront. Ils sont peu nombreux en France et se sentiront un peu moins seuls en étant ainsi soutenus, encouragés, par une affirmation sans équivoque.

Des formulations intéressantes peuvent être plus ou moins rattachées à cette philosophie ; un membre éminent de l'American Management Association proclame avec conviction : « The best is still to come ! ». J'aime personnellement affirmer que « Tout est possible, toujours » et je le pense réellement. Nous retrouvons dans cette assertion volontariste l'adverbe toujours et le cousinage avec le slogan d'Elf est évident. Les amateurs de littérature se souviendront de la formule de BAUDELAIRE qui écrivait dans *Le Spleen de Paris* : « Il faut être toujours ivre. Tout est là : c'est l'unique question. », qui revient à préconiser la passion permanente.

Cela étant dit il ne fallait tout de même pas s'attendre à trouver, dans la prestigieuse société qui prônait ce slogan, de noirs bataillons de passionnés hurlant, dans les couloirs du siège, à La Défense, leur fougue, leur détermination, leur joie de vivre, leur inextinguible volonté d'en découdre. Pas du tout. Pour beaucoup, vous pouviez avoir l'impression qu'ils avaient une passion rentrée, qu'ils cachaient leur jeu, plus ou moins bien. Cette constatation n'enlève rien à la valeur du slogan, véritable devise à l'usage des salariés les plus dynamiques du groupe.

ATTENTION

Les considérations morales sont à prendre en compte pour atténuer l'universalité du slogan ; la passion amoureuse devra être contenue et, en aucun cas, le harcèlement sexuel, attitude maintenant promue au grade de délit, ne saurait être absout au nom de notre devise de choc. De façon similaire la passion du jeu par exemple, souvent assez proche du vice, n'est pas couverte par la devise maison. Un petit malin qui organiserait d'exaltantes parties de poker dans son laboratoire ou son bureau ne bénéficierait sans doute pas d'une mansuétude extrême de la part de sa hiérarchie.

Ces réserves étant formulées, il est bel et bien recommandé d'avoir comme qualité première : être un passionné.

L'intitulé de la figure 8 « Mettez des qualités dans votre moteur » est finalement quelque chose comme le mariage contre nature des slogans des deux sociétés pétrolières.

Elle est l'illustration de la phase d'extraction du chapitre précédent : on sélectionne un slogan parce qu'il nous paraît contenir des qualités motrices.

FIGURE 8

La passion a toujours raison

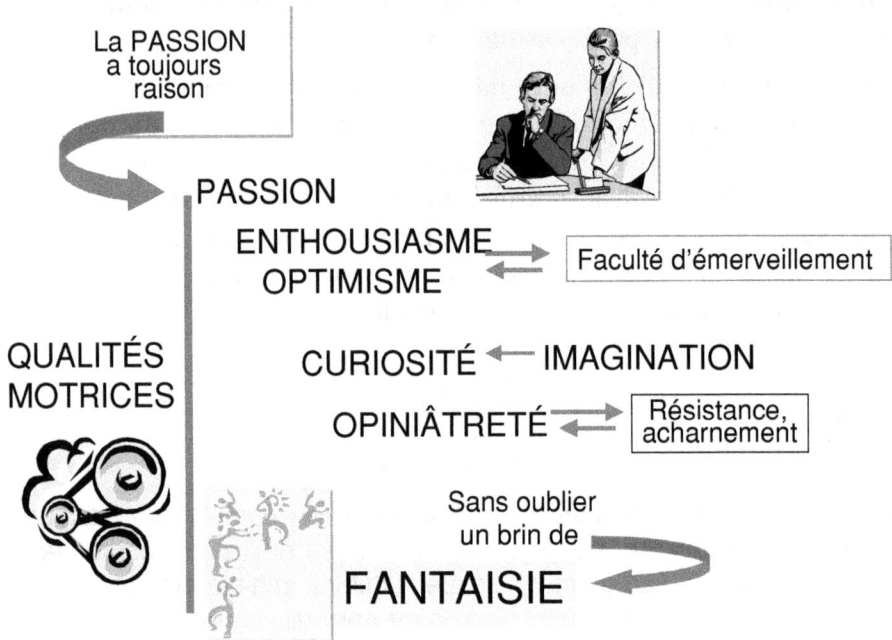

Être optimiste ? Ça s'apprend !

> « Le pessimisme est d'humeur ; l'optimisme est de volonté. »
>
> ALAIN

La passion conduit tout naturellement à l'enthousiasme, excellent moteur de la créativité, enthousiasme qui peut, tout aussi aisément, conduire à l'optimisme.

En effet, en couplant le fait que la passion a toujours raison avec la quasi-certitude que, finalement, le pire n'arrive jamais, (ou pratiquement jamais) il est possible d'aboutir à un solide optimisme « bien utile par les temps qui courent » comme dit le bon sens populaire. Il est vrai que les occasions de tester la solidité de cet optimisme sont assez nombreuses, mais il ne sert à rien de s'en plaindre.

Une question importante est posée : peut-on inculquer l'optimisme, est-il possible de devenir optimiste lorsqu'on ne l'est pas naturellement, de façon innée ?

Mon expérience personnelle, mon parcours professionnel et familial d'ancien pessimiste convaincu me permettent de répondre : il est possible de devenir optimiste. L'apprentissage demande plusieurs années et l'éclosion de l'optimisme est fortement accéléré par quelques satisfactions.

Vous trouverez, dans la littérature, un écrivain célèbre du XXe siècle qui fait preuve d'un mépris absolu pour les optimistes. Je désapprouve totalement son point de vue, le mets sur le compte de la nécessité, pour certains, de cultiver le désespoir (« Les chants désespérés sont les chants les plus beaux » disait un autre écrivain, du XIXe siècle) et me garderai bien de le citer, car cela constituerait une publicité contraire à mon éthique.

J'ai été pessimiste jusqu'à l'âge de trente ans environ car j'avais la conviction qu'ainsi je ne serais jamais déçu. C'est assez logique et c'est souvent l'argument développé par les adeptes de cette religion. Mais ce qu'ils ont oublié c'est que le pessimisme inhibe fortement l'action et se révèle très mauvais pour la santé mentale comme pour la santé physique.

Être optimiste ne doit pas signifier être jobard et croire que tout va pour le mieux dans le meilleur des mondes. Il faut être conscient des défauts du système, savoir déceler les plus criants, les plus nuisibles pour les critiquer et ensuite proposer sinon d'y remédier immédiatement, du moins de se pencher sur la question, pour avancer dans le bon sens.

Garder sa faculté d'émerveillement

> « *Le sage est celui qui s'étonne de tout.* »
> ANDRÉ GIDE

Cette affirmation d'ANDRÉ GIDE dans ses œuvres de jeunesse peut paraître surprenante mais elle est tout à fait valable car celui qui s'étonne de tout est un individu curieux possédant une aptitude intacte à l'émerveillement, qualité pas très répandue mais recommandée au plus haut point pour arriver à l'esprit créatif visant l'innovation permanente.

Chacun de nous connaît ou a connu, dans son entourage des personnes complètement fermées à ce genre de sagesse. Nous allons en évoquer deux exemples.

Une difficile doublette

Au moment où il approche de la cinquantaine, ALAIN-JACQUES possède une situation aisée qui le met à l'abri du besoin. C'est un ingénieur solide et compétent, grand et fort ; marié à une agréable personne fine et intelligente. Il a trois enfants, une fille aînée qui termine « math spé », un garçon en terminale scientifique et une cadette en troisième.

Si l'on pouvait consulter son dossier individuel ce serait pour constater qu'il s'agit d'un cadre sérieux et appliqué, n'ayant jamais eu d'activité syndicale (ce qui n'est pas, en soi, un point particulièrement positif) et connaissant très bien son domaine, l'électronique, depuis la théorie et le laboratoire jusqu'au marché, en passant par les brevets, sources de voluptueuses joies intellectuelles. Un puits de science donc, cet ALAIN-JACQUES. Un bénédictin aussi, adorant s'impliquer à fond dans des études compliquées et difficiles.

Alors, il se régale dans son métier ? Il « s'éclate comme une bête » ? Pas du tout, ne croyez pas ça, surtout pas. Pour lui, le travail n'est pas, ne peut pas être, une rigolade.

Notre ascète pense que l'air soucieux, la tête baissée et les sourcils froncés sont garants de sa qualité et prouvent sa valeur intrinsèque. On ne le verra jamais arpenter les couloirs du centre de recherche sans un papier ou un dossier à la main.

Lorsqu' ALAIN-JACQUES a un souci que la plupart considéreraient comme véniel, il lui accorde sans hésitation, tout naturellement, une importance extrême. Inversement, toute satisfaction est minimisée, amoindrie et l'on sent bien qu'il la considère comme suspecte, anormale. En tout état de cause elle ne durera pas, elle cache quelque chose.

Avide de contraintes il ne peut vivre sans elles, il en crée lorsqu'il n'y en a pas. C'est ainsi qu'il se plonge volontiers dans tous les détails du travail de ses techniciens, sans pouvoir s'imaginer qu'ils sont beaucoup plus heureux et, par conséquent, plus efficaces si on les laisse travailler avec le maximum de liberté.

Notre pays aime affecter à chacun une étiquette qui, par un raccourci forcément approximatif, définit celui qui la porte.

Pour ALAIN-JACQUES cela pourrait être : ITB, inaptitude totale au bonheur

MARIE-ANNA représente également un cas douloureux ; en dépit de son prénom frais et joyeux elle n'est pas non plus ce que l'on peut appeler une personne joviale. Brune aux yeux bleutés elle est d'une apparence tout à fait neutre : ni gaie, ni morose, ni jolie, ni laide.

Mariée sur le tard, à l'aube d'une ménopause pénible, elle ne semble pas avoir trouvé dans ce mariage les montagnes de bonheur qui y sont généralement associées. Certaines mauvaises langues affirment qu'elle gagne à être méconnue. Cette assertion assez brutale n'est pas tout à fait sans fondement ; elle est liée au fait que toute relation professionnelle avec cette personne, sans se transformer en cauchemar, tourne immanquablement au désagrément, à une gêne croissante, de plus en plus irritante et difficile à supporter.

Tout récemment, son chef de service demande et obtient une augmentation à MARIE-ANNA ; il la convoque dans son bureau et, jovial, lui remet son enveloppe contenant la lettre qui concrétise par écrit cette évolution. Elle ouvre l'enveloppe et prend connaissance du contenu. Un merci glacial sort néanmoins de ses lèvres pincées. Quelques paroles d'explication et d'encouragement du patron, un échange verbal de banalités alimentent ensuite une pénible discussion durant laquelle la charmante poupée a le temps de sortir les amabilités suivantes :... depuis le temps que j'attendais,... ça ne fait vraiment pas grand-chose... ça n'encourage pas beaucoup à travailler...

Philosophe, cool, relax, son supérieur hiérarchique enregistre ses réactions. Il a assez d'expérience pour savoir que lorsque l'on donne des augmentations on crée, parfois, quelques heureux, mais, le plus souvent, des ingrats, des mécontents et des jaloux. (Le goût forcené de l'égalitarisme fait d'ailleurs qu'en période de vaches maigres certains représentants des salariés vont jusqu'à affirmer qu'il vaut mieux que personne ne soit augmenté plutôt qu'un pourcentage très faible. Je l'ai entendu dire, certains en sont là).

Un chef plus « musclé » pourrait fort bien expulser cette charmante personne de son bureau.

Cela ne changerait pas grand-chose : MARIE-ANNA est classée, elle aussi, ITB ; elle est inapte au bonheur, même passager et elle est, bien entendu, fermée à toute forme d'enthousiasme. Elle est néanmoins utilisable, c'est une excellente femme de dossiers techniques car elle possède d'incontestables qualités d'acharnement.

Ces deux échantillons, l'un mâle, l'autre femelle, d'êtres allergiques à un dynamisme optimiste et à toute forme de joie symbolisent assez bien ce qu'il ne faut pas faire. Comment voulez-vous, avec les meilleures méthodes du monde inciter ce « loulou » et cette « meuf » à faire quelque innovation que ce soit ?

La nécessaire imagination

> « L'imagination gouverne le monde. »
> NAPOLÉON Ier

Il existe, Dieu merci, des êtres ayant un comportement totalement opposé à celui de cette difficile doublette.

C'est le cas de Jean-Yves que je vous présente ci-dessous.

La faculté d'émerveillement, fille de l'enthousiasme et de l'optimisme, comme le suggère la figure 8 ? Il la possède, lui, il l'a bien gardée, il la dorlote, la chouchoute et en savoure chaque jour d'avantage les retombées, et il est, de plus, particulièrement imaginatif !

✐ Moi ? j' m'amuse !

Technicien supérieur chimiste, Jean-Yves a pour premier objectif de se sentir bien dans sa peau. Il y réussit parfaitement depuis un certain nombre d'années. Sa moustache conquérante, son côté un peu « french lover », son teint mat de Méditerranéen (qui, grâce à ses qualités, s'est fort bien adapté au climat lyonnais) indiquent de prime abord la couleur : c'est un joyeux.

Bien sûr, on peut sans doute lui reprocher un sens moral un peu atténué ; très convivial, légèrement hâbleur, un peu coureur sur les bords, il peut choquer, il choque certains puristes étriqués.

Mais comme il cherche avant tout à se faire plaisir, que ses supérieurs ont eu l'intelligence de lui laisser une bonne liberté de manœuvre, il « s'éclate » dans son laboratoire ; il y ruisselle une ambiance tonique de joie de vivre, de fronde et de créativité sauvage. Il a mis en place des tas de dispositifs ingénieux destinés à se faciliter la vie.

Son laboratoire devient ainsi le prolongement naturel de son agréable vie extérieure. Il s'y épanouit en réduisant au maximum les contraintes, les TOPV (Tâches Obscures et Peu Valorisantes dont j'ai parlé dans un de mes premiers ouvrages aujourd'hui épuisé) par des appareillages sioux et variés, automatisant une addition de réactifs par-ci, une extraction de suspension solide-liquide par-là.

Avec le temps économisé il s'offre la possibilité de satisfaire sa curiosité naturelle par la lecture de revues scientifiques et techniques. Le fait que la frontière entre sa vie privée et sa vie professionnelle soit très ténue l'amène à des actes inattendus : achat dans un supermarché d'un ustensile banal pour l'utiliser en laboratoire après des modifications mineures ou assez importantes.

JEAN-YVES **est incontestablement un être imaginatif. C'est le type de personne indispensable aux équipes chargées de promouvoir la créativité.**

Bien dans sa peau, il a refusé à plusieurs reprises des mutations intéressantes. Une carrière hiérarchique ne l'intéresse pas ; il est avant tout un spécialiste, excellent, créatif. Assez difficile à diriger parce que superbement individualiste, il est un modèle de technicien innovant.

Constamment, il s'amuse.

Il existe, je l'ai rencontré

Mais, pour JEAN-YVES comme pour les autres, tout n'est pas toujours rose. Être d'un naturel optimiste c'est bien. Ce naturel rend gai et aimable et **doit aussi permettre de digérer les coups durs et de toujours rebondir.**

Être curieux, réceptif : regarder, voir, écouter

Insistons sur la curiosité, car elle constitue une qualité de base, pour qui se propose de faire de la créativité son objectif majeur. Il est évident que si l'on possède la faculté d'émerveillement, si l'on s'étonne de tout, c'est que l'on est curieux. Les imaginatifs comme Jean-Yves sont toujours curieux, mais la réciproque n'est pas vraie : beaucoup de curieux n'ont pas beaucoup d'imagination, mais seront néanmoins très utiles dans notre dispositif.

C'est que, loin d'être un vilain défaut, la saine curiosité est une qualité. Comme le montre la figure 9, être curieux c'est savoir utiliser intelligemment ses yeux, son cerveau, ses oreilles.

Les yeux sont utilisés pour voir, regarder, observer, le cerveau pour comparer. La figure nous indique que ces opérations doivent nous conduire à la vigilance.

Les oreilles permettent d'entendre, de capter diverses informations informelles, non publiées ; elles nous rendent aussi capables d'écouter. Ce dernier point est fondamental. Être à l'écoute des autres est nécessaire pour le travail en groupe préconisé pour favoriser la créativité. On ne saurait trop recommander d'apprendre à écouter avec attention chacun de ses interlocuteurs.

La saine curiosité est une qualité de base mais c'est aussi une attitude et c'est pourquoi nous y revenons dans le chapitre consacré aux attitudes innovantes. Mais il est nécessaire de faire preuve de mesure : l'excès de curiosité peut s'avérer particulièrement néfaste.

D'autres qualités sont utiles, voire nécessaires, pour faire naître la créativité (figure 10).

FIGURE 9

La curiosité, une qualité de base

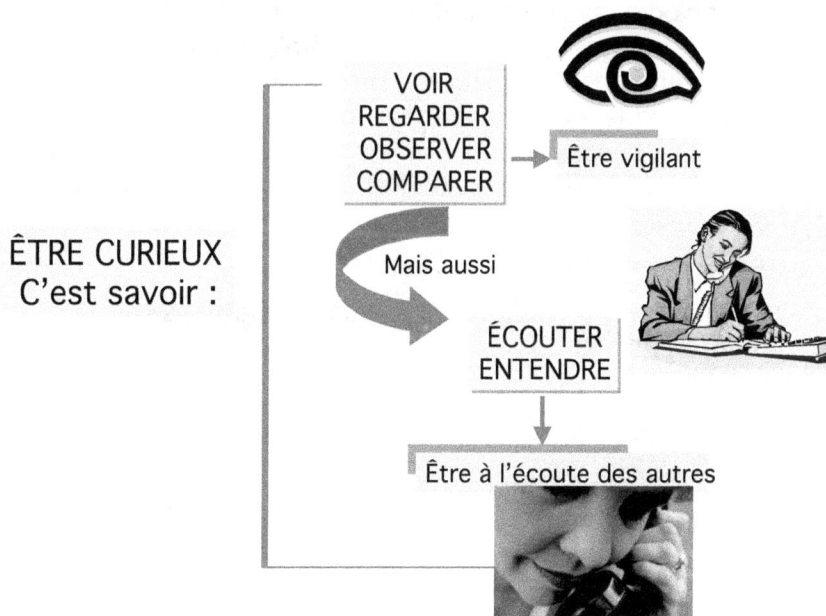

ÊTRE CURIEUX
C'est savoir :

VOIR
REGARDER
OBSERVER
COMPARER

→ Être vigilant

Mais aussi

ÉCOUTER
ENTENDRE

Être à l'écoute des autres

Et une couleuvre, une !

Avaler une couleuvre, dans sa carrière professionnelle chacun, à quelque niveau que ce soit, a l'occasion d'en goûter la saveur amère. En voici un exemple.

C'était pour rire

– « Nous avons pensé pour vous à une évolution de carrière intéressante : nous vous proposons de devenir chef d'un département comprenant l'ensemble des services logistiques, techniques, administratifs, en plus des relations extérieures que vous dirigez déjà. Réfléchissez-y bien, tenez compte des avantages et des inconvénients de ce poste et donnez-nous votre réponse pour la fin de la semaine. »

Le vendredi arrive : c'est oui.

La direction enregistre cette réponse positive.

Mais, le mardi soir, surprise, le directeur, embarrassé, convoque le chef de service virtuellement promu.

– « Monsieur D., il y a un *hic*. Un problème inattendu s'est greffé sur notre proposition : le directeur de la technologie avait un cadre supérieur disponible et, malgré mon avis, la direction générale a décidé que cette personne, Monsieur L. , de retour du Brésil, était le cadre idéal pour diriger notre nouveau super-département. Je suis désolé… mais rassurez-vous, vous conservez votre poste actuel et vous n'êtes pas coiffé par lui. »

– « En somme, c'était pour rire ! »

– « Écoutez, j'en suis désolé autant que vous, ne le prenez pas mal… »

– …

FIGURE 10

D'autres qualités fort utiles

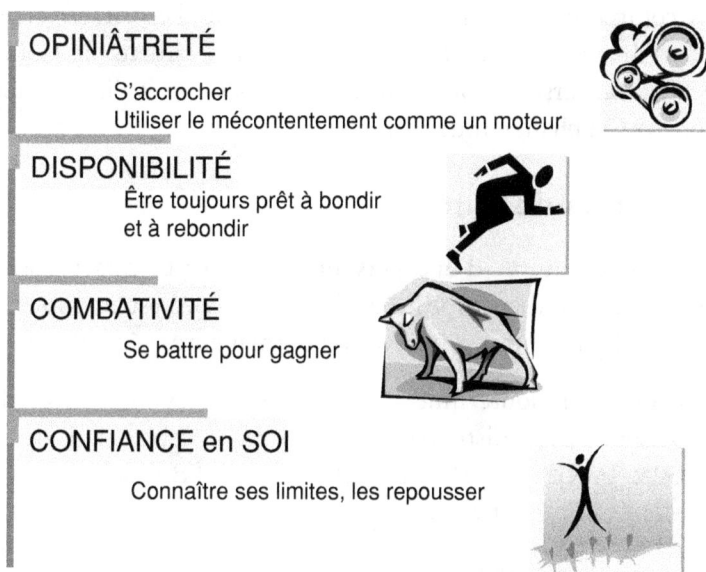

OPINIÂTRETÉ

S'accrocher
Utiliser le mécontentement comme un moteur

DISPONIBILITÉ

Être toujours prêt à bondir
et à rebondir

COMBATIVITÉ

Se battre pour gagner

CONFIANCE en SOI

Connaître ses limites, les repousser

L'optimisme permet de digérer au mieux les inévitables reptiles

Il faut toujours relativiser : un fort désagrément, très difficile à admettre lorsqu'on l'apprend devient très souvent, quelques mois après, une simple petite péripétie. Alors pourquoi ne pas le considérer comme tel dès le départ ? Il y faut un certain entraînement, un effort intellectuel mais je vous assure que ça marche.

L'opiniâtreté, également fort utile

Elle permet de passer les mauvais caps et continuer le combat. Il faut faire preuve d'acharnement, d'aptitude à « ne pas lâcher le morceau. »

Dans le cas d'un fort mécontentement, il faut toujours tenter de le canaliser et de l'utiliser comme moteur, comme un incident donnant une certaine rage, une soif de vengeance constructives.

Pourquoi ressasser les rancœurs ? **Le mécontentement doit donc être un moteur et non un frein,** le vrai optimiste le sait et rebondit toujours s'il fait preuve d'opiniâtreté. **Ce couple de qualités, joint à l'enthousiasme, en fera un excellent militant de la créativité.**

À VOS MARQUES !

Certains individus sont « toujours prêts à bondir », toujours dans les starting-blocks comme on dit en athlétisme. Cet état d'esprit est strictement opposé au : « Changez rien pour moi ! » du sketch fameux de Coluche, sur lequel je reviendrai lorsque nous examinerons les freins à l'innovation. Là ce serait plutôt : « On change tout ? Chiche ! »

Disponibilité et combativité

Disposer, dans une équipe, d'une personne ayant cette caractéristique, qui traduit des qualités de disponibilité et de combativité est un atout considérable pour répandre un esprit d'innovation permanente, généralisée.

Ces qualités sont sans doute innées ; il est à peu près impossible de transformer une personne pessimiste, triste, coincée en un combattant de choc prêt à bondir. ALAIN-JACQUES et MARIE-ANNA, nos « ITB » ne le seront jamais, il faut les utiliser pour d'autres tâches.

Même l'ami JEAN-YVES, cool et relax, n'est pas exactement un grand combattant. Il a besoin de temps, d'harmonie, de jouissance pondérée, pas du rythme endiablé et de la volonté permanente de changement de l'homme constamment prêt à bondir. Ce dernier est-il donc l'être idéal pour l'innovation ? Peut-être pas, car il risque d'être velléitaire, voire superficiel, de « ne pas tenir la distance ». Nous voyons bien la nécessité de travailler en groupes de créativité : un JEAN-YVES apportera l'imagination, un JACQUES l'opiniâtreté, une MARYSE la combativité…

La combativité est très proche de l'opiniâtreté mais nous lui associons des caractéristiques plus offensives.

Mes limites ? Quelles limites ?

Il est raisonnable d'estimer qu'il faut connaître ses limites. Ne serait-ce que pour mieux les dépasser ou plus exactement pour les éloigner sans cesse.

Confiance en soi, responsabilité, volonté inébranlable

On est émerveillé de ce que peut réaliser l'homme, ce remarquable animal, lorsqu'il repousse le plus loin possible ses limites grâce à une volonté de fer.

🖋 Les 7 jours de l'aviateur GUILLAUMET

L' aventure hors du commun de GUILLAUMET, l'un des aviateurs compagnons d'ANTOINE DE SAINT-EXUPÉRY, est relatée dans *Terre des Hommes.*

HENRI GUILLAUMET avait disparu au cours d'une traversée des Andes, en hiver. Les avions de SAINT-EXUPÉRY et de DELEY affectuèrent cinq jours de recherches, de fouilles. Les officiers chiliens étaient clairs : « Votre camarade, si même il a survécu à la chute, n'a pas survécu à la nuit... Quand elle passe sur l'homme, elle le change en glace. »

Et puis, le septième jour, la nouvelle tombe : GUILLAUMET,... vivant. Sa première phrase intelligible fut pour SAINT-EXUPÉRY : « Ce que j'ai fait, je te le jure, jamais aucune bête ne l'aurait fait. »

SAINT-EXUPÉRY apprécie cette attitude comme la plus noble : « Cette phrase, la plus noble que je connaisse, cette phrase qui situe l'homme, qui l'honore, qui rétablit les hiérarchies vraies. » Le calvaire qu'a enduré GUILLAUMET est une illustration de la façon dont on peut, à force de volonté, reculer ses limites. En analysant les qualités de GUILLAUMET, SAINT-EXUPÉRY conclut « sa grandeur c'est de se sentir responsable ».

C'est tout à fait cela, le responsable c'est exactement l'inverse de l'« ayant droit » et l'on conçoit qu'en poussant au maximum la conscience de se sentir responsable, l'on repousse, du même coup, ses limites. Responsabilité et volonté sont intimement liées.

🖋 L'exploit de d'ABOVILLE

Dans ce domaine de limites humaines, plus près de nous, combien croyaient possible l'exploit de d'ABOVILLE qui a eu l'extraordinaire culot de tenter la traversée à la rame de l'océan Pacifique et de la réussir au prix de mois de souffrances, d'efforts, de volonté ?

> Il a été un modèle pour d'autres, y compris des femmes qui ont réalisé des exploits similaires et absolument remarquables.

Ces exemples exemplifient une qualité de premier choix : l'opiniâtreté, la volonté inébranlable. Elle est tellement importante dans notre méthode de développement de l'innovation que nous la transformerons en une règle d'action : ne lâchez pas le morceau !

Un zeste de fantaisie

> *« Un homme sérieux a peu d'idées. Un homme d'idées n'est jamais sérieux. »*
>
> PAUL VALÉRY

Revenons sur la nécessité, vue dans la figure 8, de ne pas trop se prendre au sérieux, de faire preuve d'humour, de savoir, sans en abuser, faire preuve de fantaisie.

✐ Une pédagogie pimentée

Il était une fois un conférencier qui voulait démontrer à ses auditeurs sur le sujet particulièrement sérieux de l'information relative aux brevets une vérité prouvée : il est absolument nécessaire, dans ce domaine, d'être très complet, d'être exhaustif, de ne rater aucun brevet de la concurrence, d'où la nécessité de consulter plusieurs fichiers informatisés constituant les bases de données de propriété intellectuelle.

Il projeta en conséquence le transparent suivant :

VOUS DEVEZ ÊTRE MÉTHODIQUES, FAITES TOUS LES FICHIERS

Et il fit le commentaire suivant : si vous laissez tomber, dans une étude la moitié des informations le résultat peut être complètement transformé.

En voulez-vous la preuve ? Dans une phrase de quelques dizaines de caractères si vous n'en retenez que la moitié votre message peut être, lui aussi, complètement transformé. Regardez :

Il enleva le transparent N° 1 qui était sur le projecteur et il lui resta le N° 2 :

DEVEZ ÊTRE   THODIQUES,

LES FI   S

– Vous voyez, ça n'a aucun sens. Mais dans certains cas, plus graves, un nouveau message apparaît, très différent. Regardez, voici les lettres manquantes.

Et il remet le transparent N° 1, seul, sur le rétroprojecteur.

Je vous laisse le soin de faire vous même l'expérience, à titre de travaux pratiques et de voir, par différence entre le texte complet et le texte N° 2, ce que contient effectivement le transparent N° 1. Sympa non ?

Fou rire général de l'assistance qui a parfaitement apprécié cette éclatante démonstration. Mais après quelques minutes, on entendit nettement : « Quelle grossièreté ! », prononcé avec conviction.

Gardons-nous de prôner la généralisation de méthodes pédagogiques aussi douteuses ; mais reconnaissons que sur cet exemple particulier la démonstration est sans doute mieux retenue par l'auditoire, reste mieux gravée en « mémoire centrale » qu'un académique : « Si dans un texte de 46 caractères vous en éliminez 25, il est peu probable que les 21 restants présentent le même contenu informatif que le message initial. »

Cette pédagogie pimentée, originale, peut tout de même être qualifiée d'innovante. Elle émane d'un homme d'idées qui, si l'on en croit Paul Valéry, n'est jamais sérieux. (Je me demande d'ailleurs si cette formule de Valéry n'est pas une boutade ; comme il était incontestablement un homme d'idées, sa formule, elle-même, n'est pas très sérieuse).

Si nous jetons un nouveau coup d'œil à la figure 8 nous voyons que nous avons fait le tour des qualités motrices. Nous n'avons pas la prétention de pouvoir être exhaustif sur ce sujet. Il vous est sans doute possible de trouver d'autres qualités, ne vous en privez pas.

Avant de traiter des qualités freins, nous examinerons, dans le chapitre suivant, les défauts moteurs.

4

LES DÉFAUTS DE CHOC

« Pour agir il faut une forte dose de défauts.
Un homme sans défauts n'est bon à rien. »
JACQUES CHARDONNE

- *De l'intérêt des défauts*
- *Des dents à rayer le parquet !*
- *Vive l'élite !*
- *J'aime l'argent, j'en veux !*
- *Zorro est arrivé !*

De l'intérêt des défauts

Notre examen de quelques qualités motrices, doit être complété par un petit coup d'œil sur les défauts car ils peuvent, sait-on jamais, avoir des côtés positifs inattendus.

Inattendus ? Peut-être mais pas tant que cela ; nous pouvons constater que certains hommes sortant de l'ordinaire en réalisant quelque chose de tangible ont d'incontestables défauts et l'on peut se demander si ce ne sont pas leurs défauts qui les distinguent du commun des mortels.

✐ Fouiller dans son sac à défauts

À côté d'un abbé Pierre triomphant dans son « créneau » grâce à l'exceptionnelle panoplie de ses qualités humaines, sociales, morales, spirituelles, combien d'hommes d'État doivent leur réussite à des défauts tout à fait énormes voire monstrueux. Qu'aurait donné un de Gaulle modeste, tendre, charitable ? Un Churchill humble, doux et conciliant ?

À un niveau moins grandiose, celui des chefs d'entreprise, c'est aussi une vérité : les qualités du père de famille doivent souvent être réfrénées, mises en sommeil pour beaucoup de décisions et il y a lieu de fouiller dans son sac à défauts pour être efficient ou mieux encore, franchement efficace.

Alors nous nous posons la question :

L'innovateur de choc ne doit-il pas également agrémenter son lot de qualités personnelles d'une bonne petite dose de défauts plus ou moins gratinés ?

Loin de nous l'idée de faire, pour le plaisir ou par goût du paradoxe, l'apologie du mal et des péchés capitaux ou d'établir la liste exhaustive de défauts plus ou moins recommandables. Non. Quelques exemples devraient suffire pour nous persuader de leur côté pas si rébarbatif que cela, un défaut pouvant très bien avoir un côté sympathique, « bon garçon », si nous faisons preuve de tolérance, de largeur d'esprit.

La figure 11 se propose de présenter schématiquement des défauts de choc utiles en innovation. La liste ne prétend absolument pas être exhaustive et vous pouvez très bien l'enrichir par d'autres défauts que j'aurais omis, (mais ne confondez tout de même pas les défauts avec les vices et les tares).

FIGURE 11
Des défauts de choc

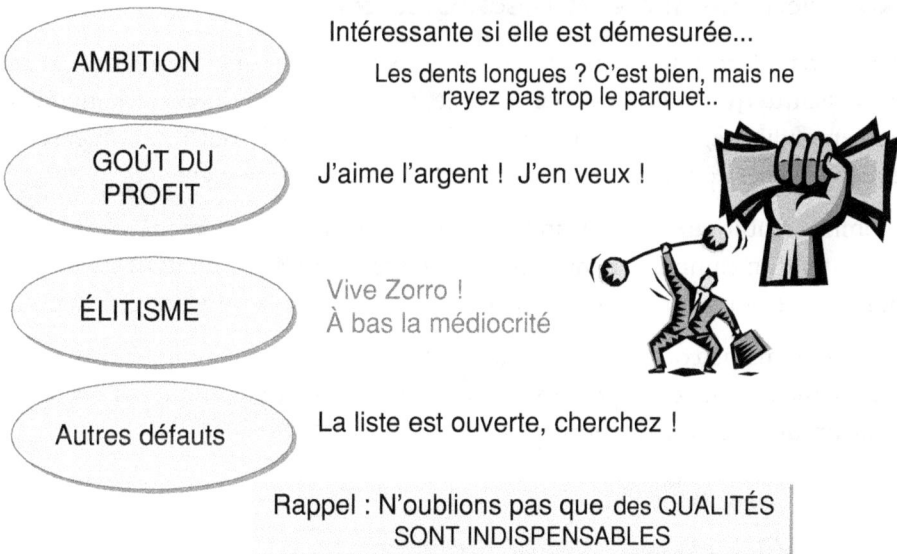

AMBITION — Intéressante si elle est démesurée...
Les dents longues ? C'est bien, mais ne rayez pas trop le parquet..

GOÛT DU PROFIT — J'aime l'argent ! J'en veux !

ÉLITISME — Vive Zorro ! À bas la médiocrité

Autres défauts — La liste est ouverte, cherchez !

Rappel : N'oublions pas que des QUALITÉS SONT INDISPENSABLES

Des dents à rayer le parquet !

« Les magnifiques ambitions font faire de grandes choses »
VICTOR HUGO

Cette ravissante expression, des dents à rayer le parquet, vise à conceptualiser l'ambition excessive, de type démesurée à incommensurable ; elle dérive de « il a les dents longues » en donnant une idée assez suggestive de la longueur des canines, des crocs, de la personne visée. Certains vont encore plus loin dans le cynisme en disant : il ne suffit pas d'avoir les dents longues, il faut mordre. D'autres vont jusqu'à ajouter « oui, et au bon endroit ! ».

L'ambition que nous définirons comme le désir ardent d'une réussite exceptionnelle ne doit pas systématiquement être considérée comme un défaut. Il importe avant tout de ne pas la confondre avec l'arrivisme qui caractérise celui qui est dénué de scrupule et veut arriver à tout prix, réussir dans la vie par n'importe quel moyen ; (quelle horreur ! Nous ne mangerons pas de ce pain là).

L'ambition, oui, si elle est raisonnable, contenue, discrète

Si l'on veut être un peu provocateur on pourra dire que **l'ambition n'est intéressante que si elle est démesurée**, si elle vise extrêmement haut. C'est bien entendu exagéré, mais formulé sciemment, dans le but de compenser la tendance générale qui prône constamment la position médiane.

L'homme ambitieux se voit très souvent traité de mégalomane c'est-à-dire qu'il aurait un comportement pathologique caractérisé par un désir excessif de gloire ou de puissance ; ce que l'on appelait, autrefois, la folie des grandeurs.

Dans ce domaine comme dans d'autres il faut éviter l'excès ; mais il importe tout de même que les responsables soient ambitieux, dynamiques et occupent le maximum possible de terrain.

✎ **« On n'a que ce qu'on prend. »**

Au cours d'une réunion de directeurs et chefs de service, un directeur de la recherche d'Elf-Aquitaine avait dit : « Mesdames et Messieurs les cadres, n'oubliez jamais ce précepte : on n'a que ce qu'on prend. »

Cela peut choquer. Mais il voulait dire que chaque cadre, chaque dirigeant doit assumer le maximum de responsabilités, aller en quelque sorte au bout de sa fonction, mais toujours dans un esprit de coopération, sans nuire aux autres, avec le sens de l'intérêt de la société.

Associée à un niveau élevé de volonté de puissance cette attitude peut être considérée comme un défaut. Il n'en demeure pas moins qu'il faut des hommes et femmes de cette trempe, ne serait-ce que parce qu'ils ont un effet d'entraînement sur leurs collègues et leurs adjoints.

Vive l'élite !

L'élite, « ensemble des personnes considérées comme les meilleures, les plus remarquables d'un groupe ou d'une communauté » n'est pas toujours en odeur de sainteté.

Le triomphe arrogant des médias et l'avènement de certaines vedettes aux qualités peu évidentes (ou si bien cachées que l'on peut douter de leur réalité), les conduit à bien préciser qu'ils sont des médiocres (« J'étais un très mauvais élève », « Je détestais l'école »), bien en phase, pensent-ils, avec le Français moyen joueur de loto, tiercé, arlequin, morpion... ou autre amusement de masse.

> Postulant qu'ils sont des médiocres, que l'audimat montera encore s'ils maintiennent cette médiocrité, ils flattent les goûts les plus bas : la mentalité d'ayant droit, d'assisté, conduisant à penser que, sans effort, grâce à « la chance » tout le monde peut gagner et devenir riche, c'est-à-dire heureux.
>
> L'élite, la vraie, voit les choses autrement. Elle travaille. Beaucoup.
>
> Elle croit en l'effort.
>
> Elle croit au mérite.
>
> Elle croit à la nécessité d'une évolution constante de la qualité de notre société.
>
> Elle sait que le niveau moyen monte et elle s'en réjouit.
>
> Elle sait que les élites sont de plus en plus nombreuses ; elle s'en félicite.

Avoir l'esprit élitiste c'est, entre autres, être convaincu de la justesse de la règle suivante, en quatre points :

1. Il n'y a pas de spécialité mineure, la crise, les crises successives, ont éliminé les inutiles, et il faut, partout, travailler en vrai professionnel épris de qualité.

2. Dans ma spécialité, je dois d'abord travailler, progresser, innover, de façon à atteindre le niveau des meilleurs.

3. Je dois continuer, me perfectionner sans cesse, entraîner mon équipe, pour que nous soyons les premiers.

4. La première place étant atteinte il faut continuer avec méthode, opiniâtreté, acharnement (mais aussi, pourquoi pas, avec décontraction) de façon à créer l'écart avec le second.

Cette règle traduit la philosophie des adeptes du benchmarking, ou étalonnage concurrentiel et montre que ce deuxième défaut, l'élitisme, se marie très bien, on le voit, avec le premier, la forte ambition ; au point que l'on peut même les considérer comme complémentaires.

L'esprit élitiste, oui, mais avec l'ouverture au groupe

Pour créer, je pense vraiment qu'il faut être élitiste et ne pas viser de se fondre dans la routine et la médiocrité sous prétexte d'égalitarisme (souvent assimilé à la solidarité) ou pour éviter à tout prix, comme le prônent certains, l'établissement d'une société à deux vitesses ; nous reviendrons d'ailleurs sur ce point, source d'hypocrisie et de confusion.

Mais je conçois parfaitement que l'on puisse avoir une opinion différente et suis conscient du fait que **trop d'élitisme peut tuer l'innovation car il est indispensable de savoir travailler en groupe**, d'écouter les autres, de leur confier le maximum de liberté d'action, de leur faire confiance. Diriger ce n'est pas commander, c'est d'abord motiver et animer. C'est maintenant bien connu, mais une piqûre de rappel ne fait pas de mal.

J'aime l'argent, j'en veux !

— « Que voulez-vous, j'aime l'argent. Au revoir. » Voilà ce qu'avoue le dénommé André DASTRY (avec qui nous ferons plus ample connaissance dans le chapitre suivant) en présentant sa démission à son directeur après deux ans sans augmentation individuelle.

Sans aller jusqu'à faire l'apologie de cette déclaration claire et loyale, je pense que nous pouvons, que nous devons, examiner lucidement cette importante question du goût pour l'argent. Le profit a longtemps été considéré comme un péché par les bonnes âmes et par beaucoup de personnes bien intentionnées. Les agréments de la société de consommation, les craintes de voir l'abondance se réduire font que l'évolution est sensible depuis quelques années : être riche n'est plus une tare, s'enrichir n'est pas si idiot que cela.

Il faut bien reconnaître que l'esprit d'entreprendre consiste en une volonté de s'exprimer, d'être responsable, de réaliser quelque chose mais aussi, dans la majorité des cas, de réaliser des profits, de faire de l'argent. BILL GATES qui est devenu l'homme le plus fortuné de la planète en est un exemple probant.

> L'argent est un excellent moteur, la perspective d'en gagner davantage anime une très grande quantité d'hommes et de femmes dynamiques.

Est-ce si choquant ?

Il n'est pas choquant que celui qui a abandonné son poste de salarié pour créer son affaire gagne cinq à dix fois plus qu'auparavant ; surtout que, dans la plupart des cas, il travaillera beaucoup plus, soixante à soixante-dix heures par semaine, par exemple.

Nous pouvons considérer qu'un certain nombre d'innovations naissent parce que leurs auteurs, animés certes de l'envie de créer, souhaitent aussi s'enrichir pour avoir une vie plus agréable ; il en résulte que **la suppression totale de la notion de profit aurait vraisemblablement un effet négatif sur la créativité et le débit d'inventions.**

Zorro est arrivé !

La mystique du chef, cousine germaine de l'élitisme, a peut-être du bon, à condition, là encore, de ne pas aller trop loin. Un Zorro de la créativité a un moral de vainqueur, une foi à soulever les montagnes. Fort bien.

L'effet d'entraînement sur ses troupes sera considérable à condition qu'il considère que d'autres Zorro existent et, le prenant comme modèle, apparaîtront petit à petit au sein même de son équipe.

Zorro, oui, mais s'il n'écrase pas les autres

Il sera beaucoup plus efficace et utile s'il laisse effectivement éclore de nouveaux responsables au moral de vainqueur. S'il est un véritable mentor. Si, au contraire, il se réserve jalousement le privilège de créer, de juger, par authentique mégalomanie par exemple, alors il est perdu, ses équipiers le supporteront mais lui apporteront le minimum d'aide. Et, isolé, Zorro pèsera de moins en moins lourd, sera petit à petit marginalisé.

Nous reviendrons, dans le chapitre suivant, sur l'intérêt évident que l'on a à travailler en groupes, pour maximiser les chances d'aboutir au développement de l'innovation.

Dans ce cadre d'animateur, Zorro fonctionne parfaitement bien s'il n'écrase pas les autres. Et l'on rencontre d'authentiques Zorro tout à fait adaptés à leur mission.

✎ Sacré Tonio

J'ai connu dans cette catégorie un fils d'émigré espagnol qui, entré dans l'industrie tout jeune avec un petit BEI (Brevet d'Enseignement Industriel) avait surtout appris à apprendre et avait une grande soif d'accumuler des connaissances et de réaliser, de mettre en application. Technicien plein de dynamisme, sachant parfaitement obéir et travailler, il est devenu successivement technicien supérieur puis ingénieur grâce au CNAM. Attention ! CNAM, dans ce cas n'a rien à voir avec une Caisse Nationale d'Assurance Maladie mais signifie, vous le savez sans doute : Conservatoire National des Arts et Métiers. Ingénieur, chargé d'une équipe de techniciens il a très bien joué son rôle d'animateur, de chef d'équipe efficace et convaincant.

Et puis sa hiérarchie directe, qui l'avait vu tout petit, l'a pris en grippe : trop percutant, trop ambitieux pour lui-même et ses collaborateurs. Il est donc parti briller ailleurs et cela lui a parfaitement réussi ; d'abord en dérivant petit à petit vers le marketing, puis en créant une société de consultant qui fait autorité. Il a incontestablement un côté Zorro, avec un harmonieux mélange de joie de vivre et de puissance de travail, doublé de l'envie permanente de dynamiser une équipe. Sacré Tonio !

5

ATTENTION !
FREINS PUISSANTS !

- *Les cons existent…*
- *Changez rien pour moi !*
- *On n'a pas le temps !*
- *Y a pas d'sous !*
- *Raisonnable, trop raisonnable*
- *Modestie et humilité : abus dangereux*
- *Les aventures de Scoop et Spot*
- *Il ne sait pas « se vendre »*
- *Les individus spéciaux*
- *Allez briller ailleurs !*

Les freins à l'innovation sont nombreux et variés, de tous ordres, de toutes dimensions. Nous allons d'abord examiner les plus évidents, résumés dans la figure 12 et développés dans le texte. Puis nous examinerons certaines qualités qui, comme nous l'avons succinctement mentionné dans le chapitre 3, constituent également des freins pour les équipes de créativité. Enfin nous traiterons de certains individus spéciaux à ne pas intégrer dans les équipes de créativité.

Les cons existent...

> « *Vous êtes un sot en trois lettres, mon fils.* »
> MOLIÈRE

Le terme « con » remplace de plus en plus les mots « bête » ou « sot », qui ont pris un coup de vieux, ou encore « imbécile », « idiot », pas assez évocateurs. Est qualifié de con, dans un langage vulgaire mais très répandu, celui qui est stupide, inepte. La qualité de con n'a pas un caractère absolu, on peut par exemple proclamer, comme je l'ai entendu : on est toujours le con de quelqu'un. (Boileau disait, lui : « Un sot trouve toujours un plus sot qui l'admire »). Sans trop s'étendre, il est possible de développer quelques idées sur ce sujet, et d'en faire une typologie car attention ! il y a con et con.

Il apparaît nécessaire d'adjoindre au nom « con » un qualificatif pour en appréhender les caractéristiques.

Ainsi, le pauvre con, le brave con et le grand con entrent dans une première catégorie de personnes au demeurant sympathiques et que l'on peut qualifier de bonasses. Dans le film « *Le dîner de cons* » le héros fait partie de cette catégorie.

Mais une seconde catégorie, fort distincte de la première existe. Le sale con, le méchant con et le petit con sont des individus d'une toute autre dimension, qui entrent dans cette seconde catégorie. Ce sont des teigneux, généralement considérés comme des salauds. Nous noterons que le « sale petit con » est particulièrement redoutable. En langage châtié il serait qualifié de « bête et méchant ». En langage compact et complètement « siglé », dans les milieux des sciences de l'information, on parle plutôt de SPC.

FIGURE 12

Attention ! freins puissants ! (1)

Les cons existent ...... → Grande variété, en deux catégories distinctes

Changez rien pour moi ! → = Tout va bien à bord

On n'a pas le temps! = Votre projet ne nous intéresse pas !

Y a pas d'sous !

Toujours dans la seconde catégorie, il convient de ne pas oublier le vrai con. L'association de ces deux mots confère à son titulaire une authenticité éclatante, quelque chose comme un label de qualité. Mais le sommet est atteint par le qualificatif « tête de con », le nom tête dit bien ce qu'il veut dire, un peu comme dans tête de cuvée : le faîte de la connerie est atteint.

Et nos compagnes ? Comment sont-elles traitées dans cette terminologie ? Elles sont susceptibles d'être qualifiées de connes, mais il me semble que les adjectifs agrémentant ce nom sont moins nombreux que pour les hommes. J'ai parfois entendu « c'est une vraie conne » ou « c'est une sale conne » mais pratiquement jamais « c'est une brave conne » et assez rarement « c'est une pauvre conne ».

De plus en plus, le terme dérivé connasse vient à la rescousse pour formuler une appréciation de poids. Il faut reconnaître que la désinence « asse » accroît encore le côté péjoratif. « C'est la vraie connasse » est un verdict clair, puissant et, à mon avis, sans appel. (Je dois noter, à ma grande honte, qu'une femme jolie a relativement peu de chance de se voir attribuer ce jugement par

71

un homme normalement constitué. Il lui paraîtra suffisant, au maximum, de la qualifier soit de « relativement superficielle » soit dans les cas extrêmes de « femme à l'intelligence limitée »).

En définitive, les cons reconnus, mâles ou femelles peuvent être considérés comme des freins à la créativité et à l'innovation en raison de leur vision étriquée ou imbécile des choses, dénotant un manque d'intelligence qui justifie le nom dont on les gratifie.

Lorsqu'ils occupent une position de décideur, cela peut arriver, il devient à peu près impossible de les faire changer d'optique et de faire passer des idées nouvelles et réaliser des innovations. Dans ces conditions l'innovateur impénitent aura sans doute intérêt à demander sa mutation ou à démissionner.

Changez rien pour moi !

> « Les autres ? j'sais pas ! Mais moi, ça va, changez rien pour moi ! »
> MICHEL COLUCCI

Cette affirmation de Coluche date de l'époque où l'une de nos familles politiques préconisait le changement. Elle symbolise une attitude très répandue de méfiance vis-à-vis de la nouveauté et équivaut à estimer que tout va bien à bord.

Cette vision des choses n'est pas forcément mauvaise en soi ; elle dénote une satisfaction qui peut exprimer une certaine joie de vivre. Pas mauvaise, peut-être mais sûrement négative car opposée aux velléités de nouveautés, donc à la créativité puis à l'innovation.

Un certain nombre de responsables, condamnés à faire de la gestion, deviennent excellents dans cette spécialité, ce qui est très bien, mais perdent définitivement le goût du risque et de la nouveauté ; les voici devenus adeptes de l'immobilité, les voici des freins puissants, des vannes hermétiquement closes empêchant le jaillissement de la créativité.

Heureusement, avec la généralisation des politiques d'amélioration de la qualité, même les gestionnaires sont de plus en plus conscients de la nécessité d'évoluer en permanence ce qui les rend plus ouverts à la créativité sous toutes ses formes.

En conséquence, mon optimisme m'incite à croire que les adeptes du « Changez rien pour moi ! » seront de moins en moins nombreux.

On n'a pas le temps !

— « Avez-vous pu prendre connaissance du texte que je vous ai remis il y a quatre jours ? »
— « Non, je n'ai pas eu le temps. »

Voici le genre de réponse qui a le don de m'irriter. Surtout quand le texte comporte une dizaine de pages ce qui correspond, au maximum à une heure de lecture attentive.

Il vaudrait mieux dire, au choix :

— « Je n'ai pas pris le temps de le lire » ;
— « Ce n'est pas une priorité pour moi, il est en liste d'attente» ;
— « Ça ne m'intéresse pas assez pour que je m'y attelle pendant une heure… »

Ce cas est extrêmement fréquent parce que **très peu de gens ont le respect du temps**. En conséquence, ils ne savent pas le gérer comme il convient. Nous y reviendrons plus tard, dans les règles d'action, parce que c'est un point capital.

Pour la mise en place d'un dispositif d'innovation généralisée, le « on n'a pas le temps » occupera, soyez-en persuadé, une place de choix. C'est un leit-motiv qui signifie, le plus souvent : « Le court terme m'accapare totalement, j'ai déjà beaucoup trop à faire avec lui. »

Il s'exprimera par des « sorties » comme :

« Et dire que pendant qu'il y en a qui se battent pour faire du chiffre, voilà à quoi vous pensez… »

« On a autre chose à faire que de rêvasser. »

Il est clair que si tout le monde se met à raisonner de la sorte, toute évolution va devenir impossible, ou, dans le meilleur des cas passablement étriquée ! Certains responsables français de R & D ont sur ce point une position très claire et positive, comme je l'ai entendu : « Nous allons former des groupes de travail prospective sur les sujets-clés de notre société. Vous y participerez activement, mais vous ne disposerez, pour cela, d'aucun budget supplémentaire et vous devrez, en travaillant d'avantage, en modifiant votre organisation, trouver le temps nécessaire à ce travail ».

La gestion du temps, sa maîtrise sont tout à fait capitales. Nos règles d'action en tiennent le plus grand compte.

Y a pas d'sous !

C'est aussi une litanie bien connue. Qu'elle s'exprime de manière :

– Populeuse : « Y a pas d'sous ! »,
– Comptable : « Nous n'avons pas de ligne de crédit prévue pour cela. »
– Financière : « Nous ne disposons pas des liquidités suffisantes pour assurer le financement de votre avant-projet. »

Cette « réserve » est le plus souvent la solution de facilité la plus commode pour tordre le cou à toute volonté d'innovation. Elle est peut-être fondée mais elle a un côté péremptoire, définitif qu'il faut examiner d'un peu plus près.

J'ai connu des responsables qui utilisaient à longueur d'année, à tout bout de champ cet argument pour désarmer les passions. À un certain niveau cela devient l'excuse, le prétexte facile de l'incapable qui ne veut rien réaliser ou du lymphatique qui n'a pas l'envie physique et mentale de créer ou même d'aider à créer. C'est un argument de gestionnaire, pas de créateur. Mais la gestion a bon dos ! Le manque d'argent, comme le manque de temps, est une **question de gestion de ressources avec choix de priorités**, rien d'autre.

Cela signifie qu'il faut se battre, être constructif et proposer par exemple de dégager des ressources en coupant des rameaux morts.

À vous de faire preuve d'imagination en cherchant, en trouvant, en proposant des solutions de transfert de ressources de façon à pouvoir faire passer vos idées créatives.

Même si cela peut, *a priori*, surprendre, il faut savoir que certaines qualités constituent, comme certains défauts ou certaines tares, des freins pouvant être très puissants.

FIGURE 13
Attention ! freins puissants ! (2)

Quelques qualités freins

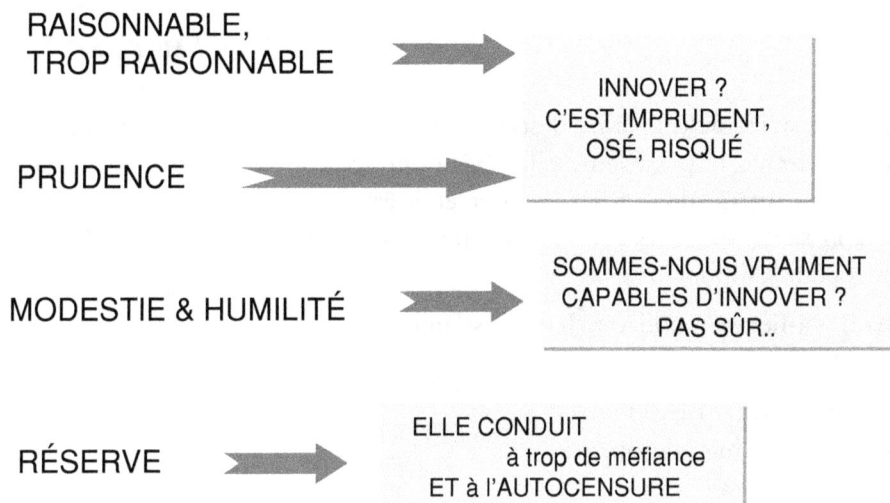

RAISONNABLE,
TROP RAISONNABLE ➡️ INNOVER ?
C'EST IMPRUDENT,
OSÉ, RISQUÉ

PRUDENCE ➡️

MODESTIE & HUMILITÉ ➡️ SOMMES-NOUS VRAIMENT
CAPABLES D'INNOVER ?
PAS SÛR..

RÉSERVE ➡️ ELLE CONDUIT
à trop de méfiance
ET à l'AUTOCENSURE

Une qualité frein : raisonnable, trop raisonnable

« Un homme compétent est un homme qui se trompe selon les règles »
PAUL VALÉRY

Le responsable trop raisonnable ne doit pas s'attendre à déchaîner la passion, à avoir un rôle d'entraînement sur ses collaborateurs. Jamais un miracle ne jaillit de l'excès de raison et de l'absence assurée de voies neuves. Nous devons donc veiller à éviter d'être très raisonnable ou trop raisonnable.

L'innovateur doit nécessairement posséder de la fantaisie, nous l'avons souligné, dans le chapitre précédent, parmi les qualités recommandées. Il doit avoir une certaine aptitude à être farfelu c'est-à-dire déraisonnable.

D'autres qualités frein, suite : modestie et humilité abus dangereux

> «..on le trahirait aussi en célébrant sa modestie. Il se situe bien au delà de cette qualité médiocre... »
> SAINT-EXUPÉRY

Il est incontestable que la modestie est une belle qualité et que certains très grands hommes la possèdent. Elle révèle une aptitude à ne pas se placer au-dessus des autres, donc à les écouter et à être intégré dans un groupe de réflexion sans avoir tendance à les écraser ou à les dédaigner. Ceci est très positif pour les innoclubs.

Mais il y a lieu de pondérer. Je vous soumets pour cela cette petite conversation entendue récemment :

— « Comme il est modeste ! »
— « Oui et il a bien raison. »
— « Comment ça ? »
— « Compte tenu de ses moyens intellectuels cette qualité de modestie en dénote une autre, incontestable chez lui, : il est lucide. »

Il faut être vraiment dur, sûr de soi, pour émettre ce jugement cynique, implacable, impitoyable ! Mais je dois dire que j'ai pu vérifier, plusieurs fois la véracité de ce jugement.

Si nous revenons à la fabuleuse aventure survenue à Guillaumet, nous voyons que Saint-Exupéry écrit :

« Si on lui parlait de son courage, GUILLAUMET haussait les épaules. Mais on le trahirait aussi en célébrant sa modestie. Il se situe bien au-delà de cette **qualité médiocre**... » Ce jugement de Saint-Exupéry, philosophe d'action, coïncide, il faut bien le dire, avec celui des grands prédateurs de l'industrie et du commerce !

Pour ces derniers, la question de base est : « Peut-on avoir un comportement modeste dans la compétition économique actuelle, ne risque-t-on pas d'y laisser nos illusions d'abord, notre peau ensuite ? » Est-il recommandé, tout en étant consciencieux, d'être effacé, humble, en espérant que ces qualités suffiront à assurer un maintien, voire une progression de nos activités ? Franchement, non ! Il faut savoir, en cas de besoin, mettre entre parenthèses ces belles qualités pour remporter certains combats nécessaires pour faire aboutir nos innovations.

Les aventures de Scoop et Spot

SCOOP et SPOT sont les deux mamelles de notre vie médiatique. Ils incitent tous deux à acheter, à favoriser une consommation toujours accrue.

Le SCOOP fait vendre des copies, fait accroître le taux d'écoute, l'audimat, et donc attirera les SPOTS publicitaires permettant de vendre plus et mieux.

FIGURE 14
SCOOP et SPOT

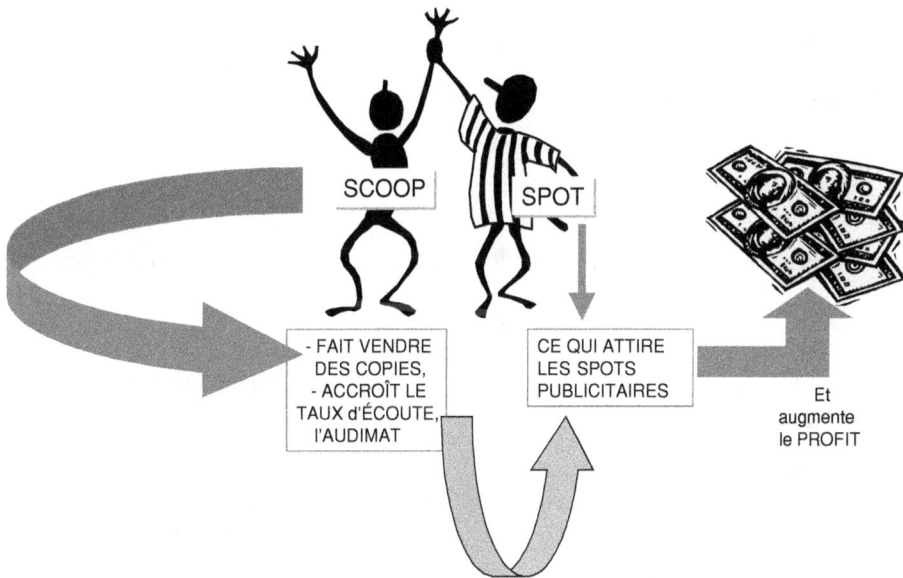

Faut-il s'offusquer de cette hégémonie de SCOOP et SPOT ? De ce style très simplificateur (ça condense un max, mec !) et outrancier des moyens grand public d'information ? Du très faible souci de la qualité de l'information, du rôle accessoire de la simple vérité, du triomphe du superficiel sur le sérieux ? Peut-être un peu.

Mais qu'adviendrait-il si l'on revenait au raisonnable :

— moins de vente,

— moins d'incitation à la consommation,

— tendance au rétrécissement et à la récession,

— et, finalement spirale descendante accélérée.

Il faut donc accepter, à défaut d'apprécier pleinement, cette règle du jeu. C'est d'une certaine manière la rançon de la liberté et de l'économie de marché.

Nos présentations doivent même tenir compte de ces tendances et nous aurons plus de poids, pour défendre nos propositions d'innovation, si nous savons utiliser des formules choc, des illustrations simplificatrices et percutantes.

Mais alors, parallèlement, il sera bon de proposer un dossier complet, plus explicite et le plus complet possible.

Il ne sait pas se vendre !

— Dupont ? C'est un type très bien, tu verras. Mais « drive »-le d'assez près, il ne sait pas se vendre !

Le grand mot est lâché : « Il ne sait pas se vendre. » C'est vrai, le Dupont en question est un excellent ingénieur ; il est compétent, acharné et consciencieux. Ses présentations en public sont sérieuses, complètes mais très peu alléchantes.

Trop de modestie et d'humilité

De plus, il fait preuve d'une modestie et d'une humilité considérées comme étant d'un autre âge.

Ces qualités lui ont d'abord permis de se faire doubler par de nombreux collègues de compétence comparable mais plus ambitieux et percutants. Elles permettent maintenant à sa hiérarchie de lui faire comprendre qu'il effectue une carrière de spécialiste, de compétence, par opposition aux carrières hiérarchiques : le voici écarté de la course au pouvoir, c'est toujours un de moins. Elles permettent également de l'augmenter le moins souvent possible : à l'heure actuelle il faut vraiment la pêche, c'est la bagarre incessante, soyez plus agressif. On peut donc considérer qu'elles ne lui ont pas été très profitables, ces qualités, sous l'angle du développement de sa vie professionnelle.

Si nous considérons l'aptitude à l'innovation, le sujet qui nous intéresse, je suis convaincu que ces qualités ont généralement un effet inhibiteur, surtout au moment où, après la phase de créativité, il faut vraiment réaliser l'innovation et la faire accepter. Désolé pour ce jugement assez péremptoire. Mais cette conviction je la tire autant de mon expérience industrielle que de mes actions de consultant.

Les individus spéciaux

Nous placerons dans la catégorie « individus spéciaux » constituant un frein à la créativité (figure 15) :

— le sceptique,
— l'ayant droit,
— l'homme supérieur.

(On notera que les « cons » de toute nature on déjà été traités, à part ; compte tenu, peut-être de leurs caractéristiques particulières, de leur dangerosité plus grande, ils ont ainsi bénéficié d'un traitement de faveur dont le lecteur voudra bien nous excuser).

FIGURE 15
Attention ! freins puissants ! (3)

CERTAINS INDIVIDUS SPÉCIAUX

LE SCEPTIQUE → Là où il faudrait « positiver », IL « NÉGATIVE » SANS CESSE

L'AYANT DROIT → IL REÇOIT, IL NE DONNE PAS

L'HOMME SUPÉRIEUR → SON Q.I. EST EXCESSIF, INDÉCENT. IL S'INTÈGRE TRÈS MAL DANS UNE ÉQUIPE

Le sceptique

Nous avons fait la connaissance, dans le précédent chapitre, d'une belle paire de sceptiques, ALAIN-JACQUES et MARIE-ANNA qui font preuve d'une solide inaptitude à innover par eux-mêmes.

Il y a plus grave ; ce sont des éléments susceptibles d'être des freins très sérieux à la créativité s'ils sont intégrés, par négligence, faiblesse ou inadvertance, dans une équipe et si, de plus, ils y ont des responsabilités.

Supposons que notre joyeux complice JEAN-YVES soit intégré dans une équipe dirigée par ALAIN-JACQUES. Complètement paralysé par un véritable directeur de conscience fouillant jusqu'au moindre détail de son emploi du temps (plus par maladresse que par méchanceté), ne lui laissant aucune possibilité de s'exprimer, de créer, d'innover, ce joyeux luron aura trois possibilités. Il pourra demander sa mutation dans un autre service, ou démissionner ou renoncer à la lutte en devenant, au travail, un parfait « touriste », en attendant des jours meilleurs…

Il convient donc, dans l'intérêt général, d'être anti-sceptique.

L'ayant droit

À côté des sceptiques nous trouverons une autre faune négative, celle des « *ayants droit* ».

ARMAND est un ayant droit. C'est quoi ça comme « mec » ? C'est le résultat de près de cinquante ans de protection sociale ultra-généreuse dans un pays où le système D, la triche, la fraude, sans être un sport national, ont une certaine audience. Par définition c'est « une personne qui a des droits à quelque chose ».

ARMAND est assez souvent consciencieux, il est intelligent et travaille, une fois lancé, correctement. Mais il est caractérisé par :

- un goût immodéré de la sécurité qui engendre, par contrecoup, la haine du risque ;
- un goût pour l'assistance sous toutes ses formes : il ne va voir un spectacle que si le comité d'entreprise en paie une partie, de préférence importante.
- un attachement viscéral aux acquis sociaux, vestiges de la société d'abondance des années soixante où dame croissance, bonne fille, gommait joyeusement tous les abus, toutes les erreurs, toutes les générosités, même lorsqu'elles étaient outrancières, en étant allègrement aidée par une inflation galopante et soutenue.

— ces goûts et attachements conduisent à un réflexe consistant à toujours chercher à recevoir et jamais à donner.

✐ Une histoire de voyages

Ainsi, on lui accorde, comme à chacun, un bonus d'une heure trente pour les déplacements d'une journée complète, de trois heures pour un déplacement de deux jours. Dans ce cas le trajet peut représenter quatre à six heures, voire plus, mais cette règle satisfait la plupart des cadres et techniciens du centre auquel il appartient. Cela ne convient pas à Armand. S'il part la veille à 21 heures, il veut qu'on lui décompte un autre complément d'une heure trente de bonus, les R.T.T. dont il bénéficie étant « autre chose », une « conquête sociale » inaliénable. À quel titre lui doit-on ce complément ? Sans doute au titre d'ayant droit. Il en résulte que son chef de service le fait voyager le moins possible.

L'ayant droit standard est volontiers absent une demi-journée de temps à autre. Il « fatigue » beaucoup. Il est donc malade, assez pour être absent, pas suffisamment pour consulter un médecin. Cela lui arrive aussi mais, reconnaissons-le, beaucoup moins que les ayants droit de la catégorie des ouvriers, soumis paraît-il à des cadences infernales et exténués par le bagne industriel français.

Cette mentalité d'ayant droit est un des freins les plus considérables au développement de l'esprit créatif et de l'innovation.

Les ayants droit se limitent au minimum et sont très exigeants sur les récompenses qu'ils pensent mériter ; il vaut donc mieux les écarter soigneusement de notre dispositif tant qu'un traitement approprié à leur maladie n'aura pas été découvert et appliqué.

✐ **Des cumulards : les ayants droit sceptiques** ⎯⎯⎯

L'ayant droit a pour homologues l'assisté et le peinard, qui ne veulent surtout pas d'histoires. Dans la terminologie du monde de la R & D le « peinard » est souvent appelé « touriste » par opposition au vrai professionnel.

Notons que certains individus sont des ayants droit sceptiques : ils veulent recevoir beaucoup mais seront toujours insatisfaits. Une faune redoutable.

L'homme supérieur : allez briller ailleurs

> *« Il faut toujours s'excuser de bien faire – rien ne blesse plus. »*
> PAUL VALÉRY

Dans le même registre que PAUL VALÉRY et un certain nombre d'années avant lui, NIETZCHE écrivait, dans *Par-delà bien et mal* (Maximes et interludes, n° 151) :

« Il ne suffit pas d'avoir du talent : il y faut encore votre permission, n'est-ce pas mes amis ? » Rien n'est plus vrai.

Le mélange des cadres faisant une carrière hiérarchique et de ceux qui sont des spécialistes intégrés dans une filière de compétence conduit à des chocs assez nets. L'arriviste forcené attiré par le pouvoir, parce qu'il sent que c'est sa vérité, peut fort bien considérer que son intérêt personnel passe avant celui de sa société. Il n'hésitera pas, tranquillement, à faire muter les éléments les plus brillants de son entourage voire même les incitera à la démission.

Si je n'ai jamais entendu un directeur dire franchement : « Allez briller ailleurs » j'ai plusieurs fois entendu : « On n'a pas besoin de gens brillants. » Pourquoi ?

D'abord parce qu'ils font ou risquent de faire des vagues. Si l'on est du genre « tout va bien à bord », il suffit d'assurer et d'avoir de bons exécutants pas trop exigeants.

Il faut aussi reconnaître qu'un certain nombre de cadres brillants, conscients de cette qualité, ont tendance à chercher avant tout à briller, pour leur compte personnel et donc, parfois, au détriment de l'intérêt de la société qui les emploie. D'où une certaine méfiance à leur égard.

Beaucoup de responsables pensent donc que l'on n'a pas intérêt à les encourager ; qu'il convient plutôt de les freiner pour qu'ils soient plus semblables à la moyenne, donc plus faciles à gérer.

Voyons ce que pourrait donner un entretien imaginaire, sur ce sujet, avec un spécialiste de la psychologie du cadre.

Le principe de DASTRY

André DASTRY, chef de département à la SODEG (Société pour le Développement Généralisé), me reçoit dans son bureau de La Défense :

« De nombreux cadres souhaitent recevoir une formation, ou plutôt un traitement, leur permettant de se sentir plus heureux dans leur fonction lorsque celle-ci n'est pas exactement adaptée à leur compétence. Connaissez-vous le principe de PETER ? Son livre qui date des années soixante-dix vient d'être réédité en 2004. »

– Oui, j'en ai entendu parler et j'ai constaté sa validité.

– Je rappelle que pour L.-J. PETER :

« Dans une hiérarchie tout employé a tendance à s'élever jusqu'à son niveau d'incompétence. »

PETER est un de mes maîtres et je suis d'accord avec lui. Mais si l'on s'y penche de plus près, son principe est grandement insuffisant.

– Vous trouvez ?

– Oui. Vous avez, comme moi, rencontré des cadres très peu à l'aise, crispés, nerveux, parce qu'ils avaient dépassé leur plafond de compétence par simple application du principe de PETER. *Mais il existe, symétriquement, des êtres qui sont aigris, rageurs, mal à l'aise pour la raison inverse : le travail qui leur est confié, la fonction qu'ils occupent, sont **en dessous de leur seuil de compétence,** seuil que l'on peut qualifier de* plancher. Enrichissant donc le principe de PETER et le généralisant j'affirme :

Principe de DASTRY :

« Il existe, pour chacun et chacune, un plancher et un plafond de compétence ; l'activité professionnelle exercée doit être située entre l'un et l'autre si l'on veut avoir des chances d' être un homme ou une femme, heureux ou tout au moins équilibré »

Tout individu est donc caractérisé par une tranche de compétence le définissant sans ambiguïté. L'adage « qui peut le plus peut le moins » en prend un rude coup avec ma théorie, mais c'est comme ça ! L'étendue de cette tranche, sa position, sont plus ou moins liées au *quotient intellectuel,* le fameux QI

Sans bien sûr que cela revête un caractère absolu, le QI. est un indicateur très valable dont nous tenons le plus grand compte à la SODEG. Certaines fonctions doivent être confiées à des personnes ayant un QI au moins égal à 120 alors que pour beaucoup d'emplois, 90 suffit amplement. (Je vous signale d'ailleurs que nous commençons à utiliser un autre quotient, le QE, quotient émotionnel, qui, couplé au QI, permet un jugement beaucoup plus précis de chaque individu. Si vous êtes intéressé nous pourrons vous organiser un séminaire sur ce thème).

Retenez bien ceci : **si l'on demande trop peu à quelqu'un susceptible de fournir beaucoup, ça ne marchera pas** ; il y aura dysfonctionnement, d'où la nécessité du traitement que nous préconisons.

– Merci pour votre avis, Monsieur DASTRY.

– Ce n'est rien ; voyez avec mon assistante JOSIE-ANNE pour le règlement de ma note d'honoraires.

– Ah ? Parce que…

– Que voulez-vous, je suis un homme d'affaires. Au revoir.

Pour étayer un peu les idées de Monsieur DASTRY sur ce sujet, ajoutons qu'il ne faut d'ailleurs pas croire que les spécialistes chargés du recrutement des cadres de haut niveau recherchent systématiquement des hommes ou des femmes ayant le QI le plus élevé possible ; c'est beaucoup plus compliqué que ça, comme le montre l'histoire ci-dessous, tout à fait authentique, elle :

✐ Futur prix Nobel, s'abstenir

Il était une fois, une importante manifestation scientifique qui se tenait à Nancy. Je représentais, sur un stand, la société qui m'employait en sciences appliquées de l'information. Nous étions, avec un collègue des relations humaines, chargés d'accueillir des jeunes diplômés de toutes origines susceptibles d'être embauchés dans notre groupe.

Au cours des séances plénières auxquelles, par curiosité et par intérêt, nous participions de temps en temps, nous avions remarqué un éblouissant jeune homme, sortant de Normale Sup' en très bon rang et déjà possesseur d'un diplôme d'études approfondies flanqué d'une agrégation. Ses interventions, ses remarques, ses suggestions, étaient en tout point remarquables et en avaient impressionné plus d'un.

Le matin du dernier jour, ô joie, nous le voyons arriver sur notre stand et, pendant une heure, nous eûmes la chance de discuter avec lui de technique, de société, de pédagogie. Il avait une vivacité d'esprit tout à fait exceptionnelle qui le rendait extrêmement brillant, tout à fait passionnant. Il envisageait de poursuivre ses études, après le service national, par une thèse, « effectuée de préférence chez un prix Nobel » (J'vous jure que c'est vrai, il l'a dit, tranquillement, cool).

Que croyez vous qu'il arrivât ?

Lorsqu'il nous eut quitté, mon collègue se tourna vers moi et dit :

– Embaucheriez-vous cet homme ?

– Sûrement pas !

– Je suis tout à fait d'accord avec vous ; mais pouvez-vous me dire pourquoi ?

– Ce n'est pas son manque de modestie qui me choque. Beaucoup de modestes le sont à juste titre : ils en ont les moyens. Tel n'est pas le cas de ce monsieur ; je ne l'embaucherais pas parce que c'est un génie. Son QI est sans doute largement supérieur à 170 ce qui le rend inutilisable. Je le vois mal intégré dans une hiérarchie industrielle. Il y a plus de 99 chances sur 100 pour que son supérieur ait un QI de 30 à 50 points inférieur au sien ; cela n'est pas bon. Mais il fera un excellent professeur d'université, il sera une sommité dans la spécialité qu'il choisira, c'est garanti. Il n'a donc pas trop à se plaindre.

Et mon collègue de conclure :

– Vous avez tout compris. Vous savez, il souffrira beaucoup. Il n'est pas facile d'être transcendant, beaucoup préféreront, après l'avoir apprécié, le voir partir pour aller briller chez d'autres. Il risque trop de perturber des cadres bien assis, des supérieurs peu enclins à lui laisser leur place et puis les médiocres, car il paraît qu'il en existe encore…

– Vous confirmez exactement ce que je pense. « Allez briller ailleurs ! » est un thème que je pense développer un jour dans une étude sur l'innovation. Merci donc pour votre avis.

6

DES ATTITUDES
ET CONDITIONS PROPICES

- *L'état d'esprit d'enthousiasme*
- *Une saine curiosité*
- *La liberté d'action*
- *Agir tous azimuts*
- *Fédérer les actions individuelles*
- *Créer des innoclubs*
- *La méthode Orpheus*
- *La matrice des panachages*
- *Un sport d'équipe : faire fonctionner les innoclubs*

Si certaines qualités sont nécessaires, certains défauts peuvent être utiles à l'éclosion de la créativité pour conduire à l'innovation et il faut également s'attendre à rencontrer et à combattre un certain nombre de freins.

Aux qualités et défauts moteurs examinés jusqu'ici, s'ajoutent, comme nous l'avons exprimé dans la théorie des ingrédients, des attitudes et conditions propices à la première étape de l'innovation : la créativité.

Nous en avons retenu quatre, qui nous semblent importantes et sont représentées sur la figure 16 dont nous allons développer l'essentiel, l'arborescence qui s'y rattache.

L'état d'esprit d'enthousiasme

« Rien ne se fait sans un peu d'enthousiasme. »
VOLTAIRE

*« Ce qu'il nous faut c'est un état d'esprit d'enthousiasme mais calme
et une activité intense mais bien ordonnée. »*
MAO

Là où VOLTAIRE se contenterait volontiers d'« un peu » d'enthousiasme, à défaut duquel rien ne peut se faire, MAO va beaucoup plus loin. On peut s'étonner que sa splendide maxime à double détente émane d'un redoutable chef communiste, de ce grand timonier auteur de la Grande Marche, du Grand Bond en avant et de la beaucoup plus discutable révolution culturelle. Sacré Mao ! Toujours imprévisible !

Si nous prenons comme définition de l'enthousiasme celle d'un bon dictionnaire comme *le Robert*, nous voyons que c'est « un état où l'homme, soulevé par une force qui le dépasse se sent capable de créer ».

FIGURE 16

Attitudes et conditions propices à la créativité

État d'esprit d'enthousiasme	L'enthousiasme ne suffit pas, ajoutez compétence et travail
Curiosité saine	Développer l'aptitude à l'émerveillement, mais éviter l'hyper curiosité
Liberté d'action	Laissez les vivre! mais liberté = responsabilité
Travail en groupe	De A à Z, l'innovation est un sport d'équipe

C'est donc bien un état d'esprit, une attitude particulière tout à fait adaptée à l'activité créatrice.

À mon avis c'est la condition première, l'attitude essentielle, majeure ; *il est indispensable d'être* enthousiaste pour pouvoir innover.

L'enthousiasme doit donc induire **une activité intense mais bien ordonnée** et si l'enthousiasme est une attitude nécessaire, elle n'est pas suffisante. Il est nécessaire d'y ajouter **de la compétence et du travail.**

Les qualités sont inutiles si elles restent purement implicites et ne sont pas employées. Il faut donc faire preuve **d'un volontarisme permanent** et, en complément de l'enthousiasme, il est particulièrement recommandé d'adopter certaines autres attitudes innovantes dont nous allons poursuivre l'examen sans viser, comme mentionné plus haut, l'exhaustivité.

Une saine curiosité

La curiosité, parfois présentée comme un vilain défaut, est aussi, nous l'avons vu, une qualité. C'est également une attitude, à conserver ou acquérir, car elle est indispensable au développement de l'innovation. C'est en effet une disposition à apprendre, à connaître du nouveau et l'on imagine mal quelqu'un qui ne s'intéresserait à rien devenir un innovateur.

Vouloir connaître le plus possible de choses est louable, mais attention, il faut éviter les abus.

La curiosité malsaine est de ceux-ci ; elle consiste à tout vouloir connaître, sans limite ni retenue, de façon exagérée et au risque de créer des situations délicates. Il convient de faire preuve de mesure ne serait-ce que par respect des autres, de leur liberté, de leurs conceptions différentes des nôtres. Chacun de nous connaît ou a connu une ou deux personnes atteintes d'hypercuriosité, comme d'autres ont de l'hypertension.

Les symptômes de l'hypercuriosité

L'hypercurieux a tellement soif de tout savoir qu'il agit à la hussarde pour assouvir son désir et il utilise, pour cela, tous les moyens. Avec des personnes de rencontre il agit avec détermination et vigueur pour obtenir ce qu'il veut.

Dans un très long vol intercontinental, observons un hypercurieux qui voyage dans une nouvelle version du Boeing 747.

Tranquille au décollage, il quitte son siège dès que cela devient possible et se met dans la tête, après une inspection détaillée de l'avion, de visiter le poste de pilotage. Son attaque commence, sans tarder, sur une hôtesse de l'air qui refuse avec suavité et délicatesse. Le projet tournant à l'idée fixe, une autre hôtesse est alors sollicitée, de façon un peu plus ferme. Son refus net mais malheureusement poli est interprété comme un engagement à continuer le harcèlement, après le repas, puis après le film.

Au bout de huit heures ou neuf heures de vol, de nouveau agressée, la première hôtesse cède et lui dit d'un ton glacial : « D'accord Monsieur, mais s'il vous plaît, ne soyez pas trop long. »

Le voilà parti dans le poste de pilotage. Ravi ? Non ! D'autres curiosités s'éveillent en lui, il lui faut une carte du vol. C'est un steward qui est sollicité cette fois, il obtempérera au deuxième rappel, quelques dizaines de minutes avant l'atterrissage.

L'hypercurieux de ce type extrême pousse toujours les choses beaucoup trop loin. Il ne se contente d'ailleurs pas de harceler des personnes de rencontre. Il a quotidiennement cette attitude, ce besoin de tout savoir, de tout connaître en détail, même pour les sujets qui ne sont pas de son ressort, et cela aussi bien avec ses supérieurs qu'avec ses collègues ou ses subalternes, lorsque, malheureusement pour eux, il en a.

On le voit s'inviter aux réunions pour lesquelles il n'est pas convié. Il fouille systématiquement le bureau de sa secrétaire, fouine encore et toujours pour savoir encore et toujours tout ce qu'elle fait. Rien ne doit lui échapper. C'est un harcèlement similaire avec ses adjoints. Même un ingénieur confirmé doit rendre compte, rendre gorge et il lui faut, encore et toujours, tout dire.

Ce cas pathologique où l'hypercurieux se confond avec un authentique casse-pieds, est heureusement assez rare.

Si j'ai abordé le cas de l'hypercurieux, c'est pour insister sur le fait que ce comportement extrêmement négatif représente **une dérive caractérisée de l'opiniâtreté**. Alors que l'opiniâtre « sain » sera très utile dans une équipe d'innovateurs, l'hypercurieux sera, lui, vraiment nuisible, et brisera assez rapidement le meilleur des groupes.

En conclusion, s'il convient d'être curieux, **c'est vis-à-vis des faits, des événements, des objets et non vis-à-vis des personnes**. Avec elles il faut agir avec mesure, doigté et discernement : elles ont besoin de responsabilité et de liberté pour donner leur maximum.

La liberté d'action

Cette attitude de curiosité mesurée est une première étape ; elle ne prend toute sa valeur que si elle est suivie d'actions. Pour mettre en œuvre celles-ci, pour pouvoir les réaliser, il est indispensable de disposer de suffisamment de liberté.

C'est bien pour cela que notre hypercurieux à tendance casse-pieds est « hypo-innovant » : il ne laisse à ses collaborateurs aucune liberté et, par réflexe d'autodéfense, ceux-ci vont se contenter d'assurer le minimum de ce qui leur est demandé : pas de vagues, pour éviter au maximum les tensions, les interrogatoires, le « stress » du contrôle encore et encore renouvelé.

Donner une certaine liberté à vos subordonnés, qu'est-ce que cela veut dire ? Cela veut dire : laissez-les vivre !

Disposer d'une certaine liberté signifie, si vous êtes en position hiérarchique relativement modeste :

— occupez le maximum de terrain,
— rafraîchissez constamment votre façon de travailler pour la rendre plus intelligente, plus agréable,
— ne vous laissez pas engluer dans la routine.

La liberté d'action ? Elle se mérite, elle se conquiert. **C'est un état d'esprit qui doit émaner du responsable** et se répandre dans les niveaux descendants, éclore à chaque étage.

✐ Composez le 9999

Chef du service information d'un centre de recherche, je crée, à la suite d'une proposition de mon adjointe directe destinée à prendre ma succession, une feuille hebdomadaire d'information, et la diffuse chaque lundi à chaque personne du service, puis des services administratifs, à leur demande.

Le chef des services administratifs me propose un jour de créer une version téléphonique de cette publication, un journal téléphoné donnant les nouvelles du centre et de la société. J'en parle à ma secrétaire qui accepte et propose d'associer à l'opération sa collègue des services administratifs. Feu vert.

Sur ces entrefaites je pars trois jours en déplacement. en lui disant : nous en reparlerons lorsque je reviendrai.

Le lundi matin suivant, de retour, j'arrive assez tôt à mon bureau et trouve un petit mot de ma secrétaire qui, mère de famille en horaire variable, arrive une heure après moi à son travail : « Avant tout chose je vous propose de téléphoner au 9999. »

Je fais le 9999 et écoute la première version, le numéro zéro, du journal téléphoné. Ma secrétaire, en assistante de qualité, avait sollicité et obtenu un numéro, étudié le mode d'enregistrement et enregistré son texte.

Voici un exemple intéressant de liberté d'action. Il montre qu'une personne à laquelle on laisse de l'initiative en prendra de plus en plus, pour le plus grand profit d'elle-même (elle voit qu'elle est apte à créer), de son chef de service et de la société qui l'emploie.

On comprend aisément qu'à ce niveau hiérarchique, le poids des tâches quotidiennes nécessaires et pratiquement non transformables présente toujours une importance considérable mais il faut justement prévoir un certain pourcentage de temps ou d'actions plus passionnants.

Pour les cadres, la liberté d'action est beaucoup plus généreusement accordée et consiste le plus souvent à laisser l'ingénieur libre d'organiser son travail comme il l'entend en lui laissant un espace de liberté important tout en lui demandant un certain nombre de comptes rendus et en supervisant son travail par des réunions de contact et de programme.

Mais tout n'est pas toujours rose, cela coince quelquefois. Je me souviens d'un abus caractérisé de liberté ; un cadre intelligent, compétent, agréable, souvent jovial avait créé un remarquable système d'information automatisé avant de tomber dans le « tourisme », en négligeant les consignes, en ne laissant aucune trace écrite de ce qu'il réalisait, en vivant tranquillement selon son bon plaisir : un « peinard ».

Ce dernier exemple constitue pour moi la preuve vivante que la liberté d'action ne doit jamais être confondue avec le laxisme ou l'anarchie. Un contrôle à fréquence mensuelle ou trimestrielle du travail réellement réalisé demeure nécessaire. Le cadre n'est pas payé pour sa compétence intrinsèque mais pour ce qu'il réalise effectivement.

Il ne doit jamais oublier que quel que soit le degré de liberté dont on dispose, il y a des contraintes dont il doit nécessairement tenir compte. Le responsable doit savoir s'en infliger s'il veut être crédible lorsqu'il en impose aux autres.

Agir tous azimuts

Pourvu de curiosité, disposant de suffisamment de liberté pour agir, notre apprenti innovateur doit avoir l'attitude ambitieuse et dynamique consistant à opérer dans toute direction pouvant présenter de l'intérêt, sans autocensure et sans complexe. Il en résultera un certain nombre de déboires mais tant pis.

D'abord il ne faut pas craindre les échecs. Nous verrons dans le prochain chapitre comment les « désosser » pour éviter de les réitérer. Sans aller jusqu'à adorer les couleuvres, notre homme doit savoir en avaler un certain nombre.

Les critiques le guettent et ne devront ni l'inhiber ni le décourager. Elles accompagnent d'ailleurs aussi volontiers les victoires que les défaites. Elles sont parfois constructives et doivent être examinées avec soin dans le but d'en tirer un éventuel bénéfice.

Agir tous azimuts c'est équivalent à « faire feu de tout bois » (figure 17) **qui correspond aux qualités : imaginatif, perspicace, opportuniste** (dans le bon sens du terme).

Mais peut-on prôner et utiliser une méthode systématique et généralisée pour avoir cette attitude si manifestement nécessaire à l'innovation ?

Peut-on imaginer des « check-lists » spéciales ?

Peut-on développer, en arborescence, toute situation pour en tirer toutes les potentialités, toutes les possibilités ?

La réponse à ces trois questions est oui, on le peut.

Et il faut même recommander cet exercice comme thème de la première réunion du groupe innovation que l'on va constituer comme nous le verrons plus loin.

FIGURE 17

Agir tous azimuts

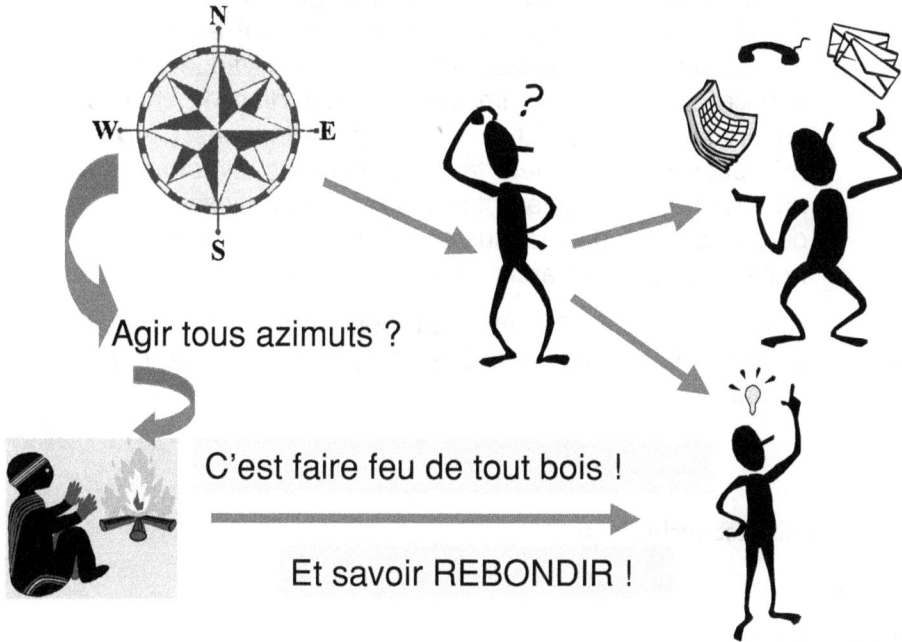

Agir tous azimuts ?

C'est faire feu de tout bois !

Et savoir REBONDIR !

L'examen de trois cas d'actions tous azimuts peut montrer le chemine-ment de pensée caractérisant cette attitude.

✎ T.R. a contaminé ses troupes qui agissent comme lui

T.R. a été nommé chef d'un service d'analyse physico-chimique dans un organisme de recherche industrielle : microscope, microscope électronique, diffraction X, fluorescence X, thermogravimétrie.

Au cours des deux ou trois premières années de son « règne », T.R. s'est appliqué à bien posséder ces tech-niques qui étaient utilisées en particulier pour connaître des poudres minérales variées.

Ceci l'amène bientôt à affecter deux hommes de son équipe à la préparation de poudres d'alumine spéciales ; ainsi, tout en demeurant contrôleur, le voici qui commence à devenir fabricant.

Il se prend au jeu et passe aux céramiques fines à base de nitrures. Quelques années plus tard, tout en assumant toujours son travail de contrôle analytique, son service comprend une importante proportion de chercheurs sur les céramiques hautes performances. Ceux qui sont restés dans leur tâche d'analystes, dynamisés par leur patron acquièrent une solide réputation et font de plus en plus des travaux pour l'extérieur : ils vendent leurs services, ça marche, il faut embaucher.

Ainsi, non content d'être un homme d'action tous azimuts, T.R. a contaminé ses troupes qui agissent comme lui.

Cette histoire est authentique.

Une autre ?

Deux autres !

✎ Ça marche, ça court, ça galope… et devient une activité lucrative

Dans les débuts de l'informatisation généralisée, un certain nombre d'ingénieurs, dans de nombreux groupes industriels, furent affectés à la documentation. Ils reçurent presque les condoléances de certains collègues.

– Alors ANDRÉ, te voilà bibliothécaire-chef ? Peinard ma vieille, c'est le risque zéro !

ou

– Salut GILBERT ! T'es chef archiviste maintenant ? Pauvre vieux… remarque, dans un sens, tu pourras vieillir tranquille, pas de stress, tranquille, mec !

Ce n'est pas exactement ce que choisit le premier, ANDRÉ L. qui avait d'ailleurs affiché dans son bureau la splendide phrase de Rainer Maria Rilke : « Il faut que les soucis restent frais. »

Lui aussi observe pendant un peu plus de deux ans, s'imprègne du système, travaille avec acharnement et application.

Et puis, progressivement, c'est l'attaque, l'implantation progressive et programmée de nouvelles techniques. Il change d'abord la technologie de mémorisation sur bandes magnétiques. Pas satisfait des bandes (il faut tout dérouler pour accéder à une information précise), il passe, sur les conseils des spécialistes de l'informatique, au disk-pack qui permet l'accès direct à l'information.

Lorsqu' apparaît la téléinformatique, il en équipe sans tarder ses troupes, contre l'avis de son directeur d'abord, avec sa chaude approbation ensuite. Le voilà greffé sur la télématique, l'accès aux bases et banques de données françaises, allemandes, californiennes devient quotidien.

Ca marche, ça court, ça galope. Il commence à vendre des prestations à l'extérieur, des recherches rétrospectives d'informations diverses. Cela devient une activité lucrative pour son service.

Ça marche...
jusqu'à la création d'une société florissante

Dans une autre société, Gilbert D. ne s'est pas endormi non plus ! Après avoir digéré le métier, il se lance, avec un collègue informaticien dans le codage des structures chimiques. Il crée un système matriciel très sophistiqué. Activité trop « pointue », ça ne marche pas. Que faire ? Rebondir ; il travaille sur un dispositif de création de banques de données textuelles ou numériques constitué d'un groupes de logiciels permettant un travail très convivial. Et ça marche ! Tellement bien qu'il crée sa société qui, pendant plus de dix ans sera très florissante.

Dans un cas comme dans l'autre, on est vraiment loin de la planque subodorée quelques années auparavant par des collègues goguenards. Mais, bien sûr, il faut beaucoup travailler, ce que certains ne comprennent pas, ne veulent pas voir. Les week-ends sont sacrifiés à ce qui est devenu, pour ANDRÉ comme pour GILBERT, une passion.

Oubliées les manches de lustrine, évaporé le mode de vie contemplatif qu'aurait entraîné un simple fonctionnement de gestionnaire.

Ces exemples d'évolution dénotent, de la part de ceux qui en sont les « coupables », une attitude permanente de recherche de développement de leurs activités et résultent non pas du hasard ou de la chance mais bel et bien d'une excellente disposition d'esprit.

Beaucoup de leurs tentatives ratent, beaucoup d'essais échouent, mais le résultat est positif : il y a éclosion de nouvelles activités dans une ambiance de travail agréable et dynamique.

Fédérer les actions individuelles

Si un « leader d'opinion » est bien nécessaire pour développer l'innovation, il est clair qu'il ne saurait agir seul : **l'innovation est un sport d'équipe**, comme on le voit sur la figure 18.

D'abord il devra repérer les personnes manifestement « bourrées d'idées ». Il en existe dans tous les niveaux hiérarchiques.

Ensuite il lui sera nécessaire d'utiliser un système de travail en groupe et cela pour deux raisons majeures :

— l'assortiment de qualités, défauts et attitudes préconisés pour faire éclore l'innovation ne se retrouvera pas chez un seul homme, alors qu' un groupe de quatre à six personnes complémentaires et bien choisies peut contenir le panachage nécessaire ;

— la fertilisation croisée n'est pas un vain mot ; aussi, pour la « mise à feu » des idées innovantes, une fois le terrain bien préparé, le groupe constitué de spécialistes de culture et horizons différents est recommandé.

Ces groupes d'innovation ou **innoclubs**, peuvent être permanents et affectés, par exemple à l'une des branches de l'arbre stratégique correspondant au plan à cinq ans de la société.

✐ Un exemple de thème pour innoclub

Ce sera un groupe sur les nouveaux revêtements de chambres de combustion dans une entreprise de construction d'automobiles, un groupe de robotisation, dans la même société, pour l'automatisation accrue de la conduite, un groupe voiture électrique et un groupe « effet de serre », chargé de réduire voire annuler la formation de gaz carbonique.

Extrêmement excitant tout ça. Comment ne pas rêver du carburant sans carbone ? D'où l'envie d'examiner tous les candidats, depuis l'hydrogène qui ne donne que de la vapeur d'eau en brûlant, jusqu'aux nitrures les plus inattendus en passant par la captivante hydrazine, cette bonne vieille molécule de formule N_2H_4 qui représente aussi la pollution zéro puisqu'elle ne dégage, outre ses calories, que de l'azote et de l'eau. (À condition toutefois de réaliser la combustion en évitant la formation d'oxydes d'azote, polluants notoires).

Bien sûr, les groupes technologiques ne sont pas les seuls. Nous aurons aussi des groupes fonctionnels par exemple sur le transfert électronique de documents, les réseaux multimédias, l'Internet ou l'Intranet, ou tout autre aspect de l'évolution bureautique des secrétariats et des services d'assistance technique et économique.

FIGURE 18
Fédérer les actions individuelles

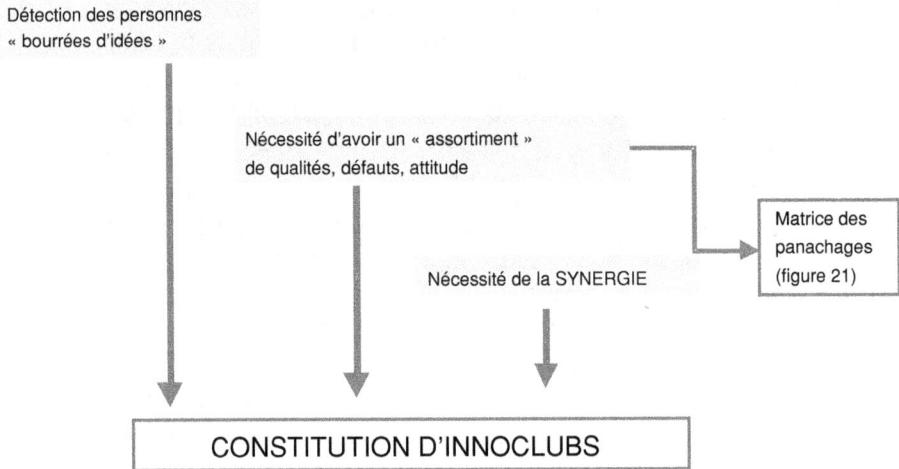

Détection des personnes
« bourrées d'idées »

Nécessité d'avoir un « assortiment »
de qualités, défauts, attitude

Matrice des
panachages
(figure 21)

Nécessité de la SYNERGIE

CONSTITUTION D'INNOCLUBS

Nous avons présenté ce thème des innoclubs dans *L'intelligence économique, la comprendre, l'implanter, l'utiliser* (1) et nous y revenons ici plus en détail.

Créer des innoclubs, clubs d'innovation

C'est dans un esprit ludique, fantaisiste, décontracté, que seront créés les clubs d'innovation, les innoclubs. Il faut commencer par en créer dans les centres de recherche, dans ce milieu d'innovateurs professionnels. C'est là qu'ils seront le plus utiles.

Une grille 5W-1H (système présenté dans la référence (1)) peut être établie pour cerner les caractéristiques d'un tel club : (les caractéristiques générales des Innoclubs sont représentées, avec des sous-titres francisés, sur la figure 19).

What ? L'innoclub est un club ouvert à tous les membres du personnel qui se sentent intéressés par l'innovation, qui ont envie d'aller plus loin que dans leurs laboratoires, bureaux d'études, ateliers, bureaux respectifs.

Why ? Pourquoi un innoclub ? Pour donner une impulsion supplémentaire à l'innovation de façon à accroître la productivité du centre de recherche, pour augmenter le nombre d'idées de recherche, de projets de développement.

Who ? Tous les membres du personnel peuvent présenter leur candidature pour faire partie d'un innoclub, étant entendu qu'il peut y avoir plusieurs innoclubs, par grands domaines d'activité du centre. Il est important d'avoir, dans l'innoclub, un brassage de fonctions, de niveaux hiérarchiques, brassage très favorable à la créativité.

When ? Il y a une large latitude dans le choix des conditions de temps ; nous pouvons concevoir, par exemple, une réunion mensuelle qui aurait lieu de 16 heures à 18 heures pour un centre dont le personnel sort à 17 heures. Cela signifie que la direction offre une heure et le salarié volontaire offre également une heure. Cet effort paritaire semble une solution à recommander.

Where ? Ces réunions mensuelles des innoclubs ont lieu dans une salle de réunion du centre, salle équipée de tout ce qui nécessaire, dont, bien sûr, un accès à Internet.

How ? Comment l'innoclub va-t-il fonctionner ? Il appartient à chacun des innoclubs de le décider en fonction de sa nature, de ses caractéristiques, de sa composition. Nous sommes convaincus que chaque innoclub a tout intérêt à s'inspirer du modèle proposé par l'approche Orpheus que nous allons présenter.

FIGURE 19
Création d'innoclubs

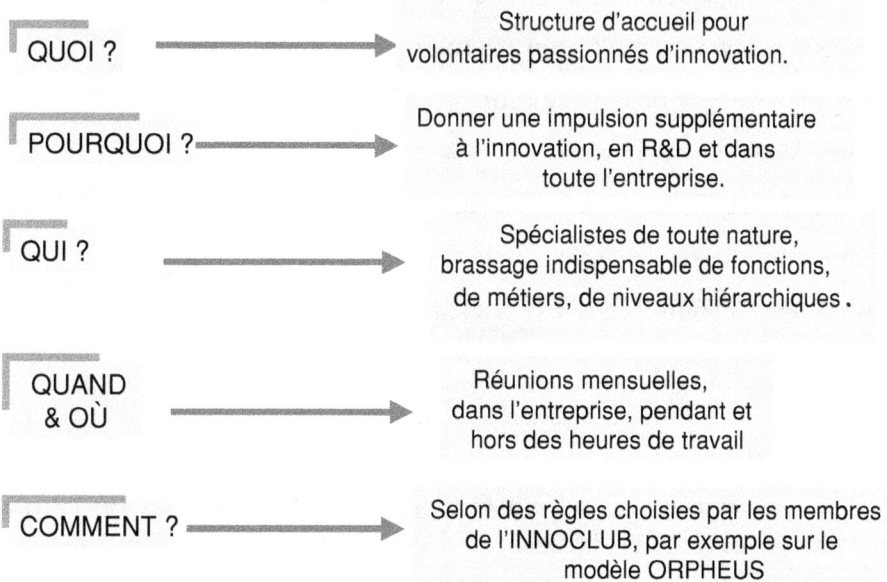

QUOI ?	→	Structure d'accueil pour volontaires passionnés d'innovation.
POURQUOI ?	→	Donner une impulsion supplémentaire à l'innovation, en R&D et dans toute l'entreprise.
QUI ?	→	Spécialistes de toute nature, brassage indispensable de fonctions, de métiers, de niveaux hiérarchiques .
QUAND & OÙ	→	Réunions mensuelles, dans l'entreprise, pendant et hors des heures de travail
COMMENT ?	→	Selon des règles choisies par les membres de l'INNOCLUB, par exemple sur le modèle ORPHEUS

La méthode Orpheus

ORPHEUS est un des quatre outils d'aide à la créativité que nous avons présentés et recommandés dans la référence (1). Outre ORPHEUS, il y a TRIZ, TAGUCHI et MIND MAP. Beaucoup plus philosophique, sociologique, organisationnelle que technologique (comme TRIZ) ou technico-commerciale (comme TAGUCHI), la méthode **ORPHEUS vise une nouvelle organisation des groupes** en s'inspirant de l'harmonie des ensembles musicaux, qui était à l'origine le but de son créateur, le musicien JOHN SEIFER.

C'est parce que sommes convaincus, pour l'avoir constaté, que le travail en groupe est fondamental en créativité et innovation, que nous jugeons nécessaire de présenter des éléments de base de l'approche ORPHEUS.

JOHN SEIFER, en 1972, a créé un ensemble musical à vocation créatrice avec :

— remise en question de la hiérarchie,
— création d'un système flexible et compétitif,
— où, à tour de rôle, chacun assume la fonction de chef d'orchestre. C'est ce que SEIFER désigne par « collaborative leadership ».

Les huit principes d'ORPHEUS sont intéressants à présenter car ils dépassent très largement le monde des orchestres et peuvent servir de trame à une organisation de nos innoclubs :

Mettre le pouvoir entre toutes les mains ;

Encourager la responsabilité individuelle ;

Définir clairement les rôles ;

Partager le leadership par un système de rotation des postes ;

Instaurer un modèle dynamique de management horizontal ;

Apprendre à écouter puis à se parler ;

Rechercher le consensus ;

Se consacrer avec passion à son rôle et à la finalisation collective et harmonieuse du produit.

Nous avons retrouvé avec satisfaction, dans ces principes un certain nombre de préceptes de base et de conditions favorables que nous proposons dans notre module d'enseignement sur l'innovation. Nous

avons mis en caractères gras les 4 principes majeurs, qui conviennent parfaitement à notre problème, et sont mis en exergue sur la figure 20.

Processus de mise en place

Selon SEIFER, ce processus comporte cinq étapes :

Constitution d'un noyau de leaders (5 à 10) par produit ou par thème

Élaboration des stratégies de base par le noyau.

Développement du produit et présentation à l'ensemble des acteurs, des participants.

Perfectionnement du produit en tenant compte des critiques, remises en cause, sentiments et jugements des clients ;

Livraison du produit final : il y a analogie avec le groupe musical qui interprète son œuvre devant audience ou en séance d'enregistrement.

Parmi ces cinq étapes, les deux premières sont les plus importantes pour l'approche innoclub que nous préconisons :

— Constitution d'un noyau de leaders (5 à 10) par produit : cela nous donne l'effectif d'un innoclub avec rotation du leadership : chacun, à tour de rôle, est animateur de la réunion, cela permet d'atténuer le risque d'un Zorro accaparant les débats. Mais il convient de noter que l'effectif d'un innoclub sera plus souvent voisin de 5 que de 10.

— Élaboration des stratégies de base par le noyau : à partir d'un balayage général des thèmes à explorer, en tenant compte de directives assez larges et souples, mais sans trop se limiter, sans s'autocensurer, un programme de travail souple et glissant est élaboré.

Intérêt d'ORPHEUS

Ne perdons pas de vue la définition de la créativité : « Aptitude à créer, à inventer, qui, pour s'exprimer et se développer exige des conditions socioculturelles favorables. »

FIGURE 20
Les 8 principes d'ORPHEUS

1. Mettre le pouvoir entre toutes les mains

2. Encourager la <u>responsabilité individuelle</u>

3. Définir clairement les rôles

4. Partager le leadership par un système de rotation des postes

5. Instaurer un modèle dynamique <u>de management horizontal</u>

6. Apprendre à s'écouter puis à se parler

7. Rechercher le consensus

8. Se consacrer avec passion à son rôle et à la finalisation collective et harmonieuse du produit

L'utilisation d'ORPHEUS va dans le sens de la création de ces conditions socioculturelles favorables.

N'oublions pas non plus que les outils d'aide à la créativité proposent non seulement la conception et le développement de produits, d'idées, de services nouveaux, mais aussi « la création de nouveaux types d'organisation ».

ORPHEUS peut contribuer à la création de ces nouveaux types d'organisation dont le besoin se fait de plus en plus sentir pour prévoir les conflits, les prévenir ou en réduire les effets négatifs.

La matrice des panachages

Lorsque l'on dispose d'un certain nombre de candidats pour participer à un innoclub, le problème du choix des personnes à sélectionner peut se poser, se pose même fréquemment. **Sur quels critères faut-il se baser pour choisir parmi les candidats ?**

La méthode intuitive convient, à mon avis, dans la plupart des cas, après un entretien en tête à tête avec chacun des candidats, suivi d'une réunion de l'ensemble.

Il est également possible, mais à condition que tout le monde soit bien d'accord, d'opter pour un système de notation, les notes étant attribuées par la hiérarchie qui, pour les augmentations individuelles de fin d'année est rompue avec l'entretien individuel et l'estimation des qualités.

C'est une méthode qui peut aider à constituer, à partir des éléments « mobilisables », le groupe le plus adapté à la créativité. Elle consiste en un tableau dans lequel les lignes représentent les différentes personnes et les colonnes les notations des qualités, défauts et attitudes de chacun.

La notation par lettres (A, B, C, D, E, F,) n'étant pas adaptée pour réaliser des sommes nous préférerons une cotation de 5 à 0 :

5 : très bon à excellent

4 : bon

3 : assez bon

2 : médiocre

1 : mauvais

0 : nul

Nous prenons l'exemple, en figure 21, de huit personnes, appelées Armand, Bernard, Charles, Didier, Édith, Francis, Gisèle et Henri.

Elles seront chacune caractérisées par :

– **4 qualités** : enthousiasme, opiniâtreté, compétence, imagination (Enth, Opin., Com., Ima.,) ;
– **3 défauts** : ambition, élitisme, goût du lucre (Amb., Éliti., G. Lu., nous précisons que 5 signifie extrêmement ambitieux, 0 absence totale d'ambition ; que 5 signifie goût extrême de l'argent, 0 : n'éprouve aucun intérêt pour le gain).
– **3 attitudes** : curiosité, polyvalence, esprit d'équipe (Curi., Poly…, Es.e.) ; (la polyvalence est l'aptitude à agir tous azimuts).

Nous allons donc, après avoir estimé les notes de nos huit « clients » pouvoir construire le tableau constituant la matrice des panachages, outil qui va nous servir à optimiser la fédération des actions individuelles.

FIGURE 21
Matrice des panachages

NOMS	QUALITÉS				DÉFAUTS			ATTITUDES		
	Enth.	Opin.	Comp.	Imag.	Ambi.	Elit.	G.Luc.	Curi.	Poly.	Es.Eq.
Armand	1	4	4	0	1	3	1	3	1	1
Bernard	3	3	3	1	2	2	1	3	2	3
Charles	5	5	4	4	4	3	4	2	3	3
Didier	3	4	4	1	4	4	2	4	2	4
Edith	3	4	3	1	1	2	1	3	2	1
Francis	2	2	3	4	2	3	2	3	2	2
Gisèle	4	4	4	2	4	3	2	3	3	3
Henri	3	4	3	1	3	2	1	4	3	3

L'examen de la matrice montre que CHARLES, DIDIER et GISÈLE sont incontestablement à retenir.

Si l'on souhaite former un innoclub de cinq membres il conviendra d'ajouter aux trois premiers HENRI et FRANCIS. Dans le cas où l'on souhaiterait se limiter à quatre personnes (ce qui me paraît un peu juste) la 4ᵉ personne sera soit HENRI, soit FRANCIS.

Personnellement je choisirais Francis car il apporte un 4 en imagination, ingrédient assez rare dans ce groupe ; mais on pourra préférer Henri si l'on estime que la curiosité, pour laquelle il a 4 est très importante est de nature comparable.

La matrice « résultante » des 4 personnes retenues est intéressante. Sur 10 notes nous avons 2 fois la note 5, 7 fois la note 4 et une fois la note 3.

C'est en polyvalence, en aptitude aux actions diversifiées, que le groupe est le plus faible. C'était d'ailleurs le point faible de la population de départ.

Il n'en demeure pas moins que le quatuor CHARLES, DIDIER, GISÈLE et FRANCIS, sous la houlette incontestable de CHARLES est en très bonne position pour faire réellement de la créativité de choc. Il sera souhaitable d'y ajouter HENRI qui, bien que peu imaginatif, peut apporter à l'ensemble son opiniâtreté et sa curiosité.

Un sport d'équipe : faire fonctionner les innoclubs

Nous devons nous efforcer, en créativité et innovation, tout comme en intelligence économique, de mettre un peu entre parenthèses notre individualisme forcené de Français.

Pour l'innovation il est clair que la même recommandation s'applique.

Un groupe de cinq personnes représente un meilleur potentiel de qualités, défauts et attitudes que celui du plus fort d'entre eux, c'est évident et il n'y a pas lieu d'insister.

Mais le problème est celui du comportement de chacun vis-à-vis du meilleur. Il est nécessaire que ce Zorro soit plutôt un animateur qu'un patron traditionnel.

L'organisation de ces équipes de quatre à six personnes en général n'est pas une mince affaire et il n'est pas question d'opérer par notes de service et consignes hiérarchiques.

Il faut successivement :

— inciter et motiver,
— former et entraîner,
— mobiliser,
— maintenir la pression.

Creusons un peu.

Inciter et motiver

Tout le monde doit-il innover ? Ce serait peut-être souhaitable, encore que difficile à gérer et contrôler, mais ce n'est pas possible. À mon avis il vaut mieux lancer, au niveau d'un service (dix à cinquante personnes) un groupe d'innovation de quelques membres : trois à six, pas plus.

Avant de créer ce groupe, une campagne d'incitation et motivation qui, elle, s'adressera à tous, sera lancée pendant quelques semaines au rythme d'une action ponctuelle hebdomadaire. Ce peut être un répondeur téléphonique, une petite feuille d'information ou une réunion de trois quarts d'heure à une heure.

⌒ Un groupe JPO

Je me souviens de l'organisation d'une journée portes ouvertes (JPO), dans un centre de recherche, où ce type d'organisation avait donné d'excellents résultats. Dans l'effectif de trois cents personnes, un groupe JPO d'une quinzaine de volontaires avait pendant neuf mois, la durée approximative d'une gestation humaine, préparé l'événement en utilisant ces méthodes. Il en est résulté en particulier une bien meilleure connaissance de chacun, une excellente compréhension des tâches et missions respectives, un renforcement éclatant de l'esprit de corps.

Former et entraîner

Au niveau d'un organisme de quelques dizaines à quelques centaines de personnes la création d'un « innoclub » est une bonne solution. Analogue à ce groupe JPO expérimenté avec succès, il constituera une structure d'accueil idéale pour la formation et l'entraînement à la créativité. Permanent, il devra prévoir la possibilité pour chacun de quitter le groupe en cas de lassitude et, symétriquement, il devra permettre à des éléments neufs, volontaires, d'y faire leur entrée.

La formation des membres des innoclubs est indispensable. Ils devront savoir parfaitement accéder à la base de connaissances, savoir faire appel, en ligne, à des experts, et connaître l'emploi d'outils d'aide à la créativité que nous présentons dans les chapitres 8 et 9 pour que le champ de réflexion et de compétence ne soit pas limité aux quelques membres de l'innoclub.

Mobiliser

Les membres du personnel seront mobilisés pour l'innovation par diverses actions suggérées et programmées par l'innoclub. Pourquoi pas un numéro de téléphone spécial avec un message téléphonique remis à jour chaque semaine ?

Maintenir la pression

Pour lutter contre la lassitude, contre l'érosion du temps, l'innoclub devra veiller au grain. Il lui est fortement conseillé d'organiser des séminaires de créativité d'une part, d'innovation d'autre part. Une feuille d'information mensuelle peut être diffusée, dans le groupe et dans son voisinage, ce qui peut permettre de régénérer l'effectif.

Maintenir la passion

7

DES PRÉCEPTES DE BASE, IL EN FAUT !

- *Croire au progrès*
- *Bien ordonner l'intense activité*
- *Désosser les échecs, savoir faire des bilans objectifs*
- *Radioscopier les succès*
- *Marier la carpe et le lapin !*
- *Surveiller pour innover*
- *Savoir planifier*

La figure 22 présente une demi-douzaine de préceptes de base que nous recommandons pour promouvoir et développer l'innovation c'est-à-dire pour réaliser les idées issues de la créativité.

Nous pensons que le premier précepte qui s'impose est, bien sûr, de croire au progrès. Ensuite l'activité doit être bien ordonnée, car le style fantaisiste qui peut régner dans l'étape de créativité n'est plus de mise dans la phase d'innovation, même si, en vertu d'un quatrième précepte il faut toujours brasser des idées et concepts apparemment très disjoints. Le troisième précepte édicte la nécessité de savoir faire les bilans des réussites ou des échecs : rien de bon ne peut sortir d'une mauvaise analyse. Le cinquième précepte postule qu'il faut savoir surveiller pour innover et le dernier qu'il est nécessaire de planifier, ce qui est la suite logique du second principe.

Notre innoclub constitué dans le chapitre précédent : Charles, Didier, Gisèle, Francis et Henri va donc subir une petite formation de base et, après avoir étudié la théorie des ingrédients, les qualités motrices, les défauts moteurs, les freins, les attitudes à adopter va se pencher sur ces préceptes, que nous allons examiner en détail.

Croire au progrès

> « *Chaque progrès donne lieu à un nouvel espoir, suspendu à la solution d'une nouvelle difficulté. Le dossier n'est jamais clos.* »
> CLAUDE LÉVI-STRAUSS

Une certaine mode conduit, depuis quelques années, à des phénomènes de rejet vis-à-vis du modernisme, du progrès, de l'évolution technologique. C'est une réaction peut-être légitime à la fuite en avant « à tout va » de la période précédente.

Généralement ce rejet n'est que partiel. Qui serait prêt à sacrifier, l'automobile, les salles de bains, les machines à laver, les réfrigérateurs et congélateurs, la télévision, les chaînes hi-fi, l'Internet et tout le reste ?

Croire au progrès c'est être convaincu que les formidables avancées technologiques qui ont été réalisées en un siècle doivent être d'abord maintenues, puis confortées avant un nouvel essor à mon avis prévisible.

FIGURE 22

Des préceptes de base

1. Croire au PROGRÈS	→	Le champ des améliorations possibles est immense
2. Bien ordonner l'activité	→	D'abord, imagination, pas de censure, puis tri, choix,rigueur
3. Marier la carpe et le lapin	→	Brasser les idées et concepts très différents, disjoints
4. Savoir faire des bilans	→	Désosser les échecs, rebondir Autopsier les succès, les conforter
5. Surveiller pour innover	→	S'inspirer des meilleurs, ajouter de l'information à la compétence
6.Savoir planifier	→	Fixer des objectifs, des priorités, connaître les contraintes

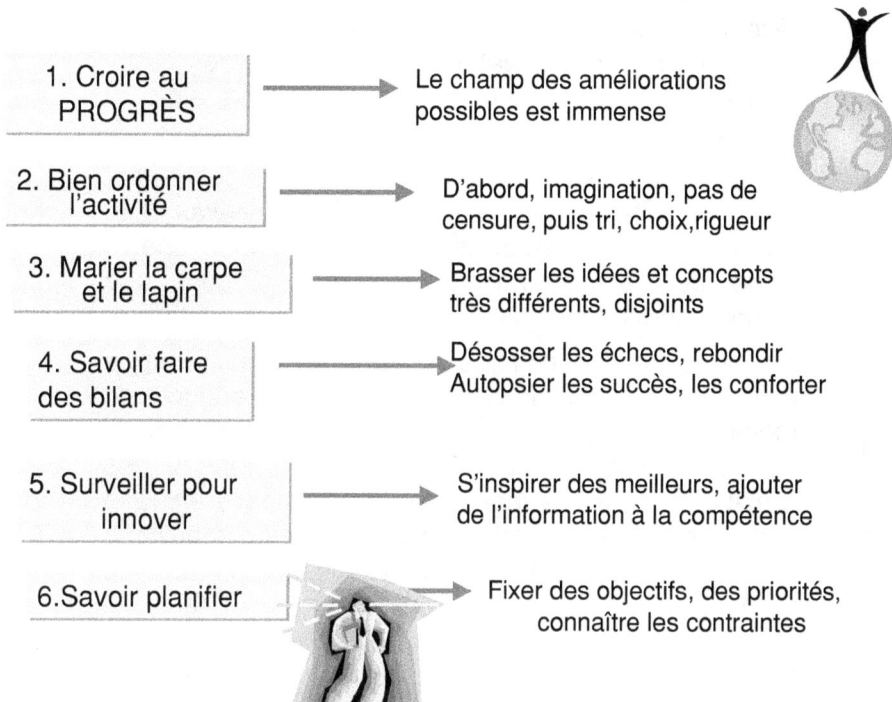

Le pessimiste subodore que plus rien ne peut être inventé, tout ayant déjà été trouvé, ou presque.

L'optimiste est viscéralement convaincu du contraire ; il sait que plus l'on découvre ou invente et plus le champ des innovations techniques s'étend. C'est une tranquille certitude : le domaine des connaissances est un cercle qui grandit sans cesse ; il en résulte que sa circonférence, c'est-à-dire la frontière entre ce qui est connu et ce qui est encore inconnu, croît continuellement. **Le terrain des découvertes potentielles est donc en accroissement permanent.**

Seulement voilà, si la solution technique pour résoudre la nouvelle difficulté dont parle LÉVY-STRAUSS peut généralement être trouvée, il faut, de plus, remplir certaines conditions non techniques et au moins aussi difficiles.

Il y a un premier risque non négligeable de ne pas pouvoir conduire le progrès technologique comme les scientifiques le souhaiteraient, c'est **l'absence de consensus des populations.**

✒ Des raisons que seul le cœur connaît

– Armand P. est d'accord pour qu'il y ait un beau réseau de routes et d'autoroutes mais il est farouchement opposé à la création d'une voie expresse qui passerait à cinquante mètres de sa villa, il me l'a dit.

– Jean-Louis T. est ravi du développement du transport aérien, il en profite, et apprécie la baisse des tarifs ; mais il est farouchement opposé à la création d'un nouveau couloir aérien qui survole sa commune. Il signe avec détermination les pétitions pour que d'autres communes soient « élues ».

– Alain J. était un farouche partisan de l'énergie éolienne car, antinucléaire convaincu, il se rend tout de même compte qu'il faudra la remplacer par des énergies renouvelables dont le vent. Mais comme des projets sont très avancés pour l'installation, en rase campagne d'une douzaine de ces nouveaux moulins à vent et qu'ils seront dans un coin sauvage où il aime se promener de temps en temps le dimanche en famille il a changé d'avis : ce n'est pas esthétique, ça fait du bruit…

– Sylviane S. est tout à fait révoltée par les catastrophes climatiques, les inondations meurtrières qui sont signalées dans les plaines mais elle s'oppose à la création d'un barrage qui permettrait de réguler les débits et de réduire sensiblement les risques liés aux caprices du temps. Elle a participé, fougueuse, aux manifestations agrestes pour préserver le site sauvage menacé par les technocrates.

Le grand mot est lâché : technocrate. C'est le nouveau Satan. L'anti-gourou. Nous noterons avec intérêt que lorsque la Communauté européenne distribue des subventions, par exemple aux régions les plus défavorisées, personne ne songe à la taxer de technocratie ; mais si la même communauté aide aussi les autres, pour favoriser le libre échange, la voilà technocrate.

Et cela nous conduit tout droit au second risque majeur qui peut faire capoter le développement technologique futur : **le manque de moyens financiers.**

Le progrès technologique n'est pas gratuit, son coût, dans la phase recherche, puis dans celle du développement, nécessite des capitaux, des richesses liquides disponibles qui ne sont pas infinies. Les pays, les sociétés, les individus ont vécu de plus en plus à crédit et nous voici, tout à fait logiquement, en face de splendides difficultés.

Le nouveau progrès qui commence à s'ébaucher doit tenir compte d'une quantité croissante de contraintes qui font que les problèmes purement techniques n'apparaissent plus comme primordiaux même pour répondre à des questions d'ordre technologique.

Il faut s'adapter à cette nouvelle donne et les sociétés industrielles l'ont compris ; elles abordent le virage en intégrant systématiquement, dans leurs études :

— les données d'environnement et sécurité
— les données réglementaires et juridiques.

Il manque encore quelque chose d'essentiel qu'il faudra bien, un jour ou l'autre prendre en compte :

— le droit à l'emploi.

Et là où l'on apprenait à gérer peut-être faut-il surtout apprendre à s'adapter, à créer, à innover.

Car le champ des applications potentielles est immense, nous en donnerons un aperçu plus loin.

Nous lançons nos quelques principes de base, comme un naufragé jette une bouteille à la mer…ils sont utiles dans toutes les étapes conduisant à l'innovation, en particulier dans sa mise en œuvre, mais en amont il est indispensable aussi de chercher avec conviction.

Bien ordonner l'intense activité

Je reviens sur cette remarquable citation du président MAO qui préconise, outre l'état d'esprit d'enthousiasme, une « activité intense et bien ordonnée ».

D'abord, pourquoi prôner l'activité intense ? Sans doute **parce que le « rendement de création » est faible** et que, dans ces conditions, pour obtenir des progrès, il faut avoir une activité vraiment soutenue.

✎ Des milliers de mètres cubes pour quelques pépites

Le chercheur d'or doit traiter des milliers de mètres cubes de suspension d'eau sablonneuse pour trouver quelques pépites intéressantes.

Le chercheur, en laboratoire, sait fort bien que sur dix recherches menées à bien, une, peut-être aura un résultat industriel tangible. Aura-t-il perdu son temps avec les neuf autres ? Pas du tout, il aura cerné ce qu'il ne faut plus faire parce que ça ne marche pas. Il aura, de plus, observé, appris, accru encore son potentiel, sa compétence, qui lui permettra ensuite des raisonnements analogiques. Il arrivera sans doute à la conclusion que son activité devra être encore plus grande pour accroître la probabilité de réussite industrielle, pour trouver et toujours progresser.

C'est bien l'esprit de compétition qu'il faut inculquer à un nombre maximum d'agents de l'activité économique.

Ce n'est pas par hasard que les grands groupes utilisent comme vecteurs du dynamisme, dans leurs publicités, les champions sportifs glorifiés par les médias avec, comme message sous-jacent : il ne tient qu'à vous de devenir, dans votre vie professionnelle un émule d'ALAIN PROST. Si « la passion a toujours raison » pour lui, avec le triomphe qui en résulte, essayez, vous aussi, de voir ce que cela donne ! Vous serez surpris du résultat.

Ordonner cette intense activité c'est éviter de se disperser dans des futilités et de perdre son temps dans un trop grand nombre d'actions disparates et dans quelque chose comme un divertissement généralisé.

✎ Un hanneton en cage

Nous connaissons tous des personnes extrêmement survoltées, constamment surmenées et suroccupées pour de bien maigres résultats. La raison ? Il n'y a pas de coordination dans leurs actions, pas de lignes directrices, pas de priorités, tout à l'instinct ; en bref, il n'y a aucun ordonnancement. D'où l'impression générale d'avoir affaire à un hanneton dans une boîte de conserve : la pauvre bête est animée de mouvements incessants, inutiles, désordonnés et entièrement soumis aux règles du hasard.

Les personnes qui ont ce comportement sont en général hypernerveuses (MARCEL ? il ne fume plus ; il tremble tellement qu'il peut même plus allumer ses clops !), excitées et auraient tout intérêt à canaliser leur énergie débridée car elles ont incontestablement du tonus et un potentiel réel.

Pour ces gens-là comme pour beaucoup d'autres il est hors de doute que « *bien ordonner l'intense activité* » constitue un principe de base incontestable sur la route de l'innovation généralisée.

Ce principe de base nous le retenons et nous le convertirons en règle d'actions dans le chapitre 8 où nous verrons comment gérer cet ingrédient essentiel qu'est le temps.

Désosser les échecs, savoir faire des bilans objectifs

> « *Il est peu et de réussites faciles et d'échecs définitifs.* »
> MARCEL PROUST

Très souvent, ce que l'on réalise est différent de ce que l'on envisageait. Ce n'est pas vrai pour l'architecte, pour le réalisateur d'œuvres concrètes et bien précises. Mais c'est chose très courante dans le monde de la recherche, de la créativité et de l'innovation.

Lorsque PASTEUR écrit : « Le hasard ne favorise que ceux qui y ont été préparés. », il entérine ce fait qui lui a sans doute été prouvé par son expérience personnelle.

🖉 Des occasions d'échec, en veux-tu, en voilà

Lorsque l'écart entre ce que l'on cherche et ce que l'on trouve est vraiment considérable il faut bien admettre que le résultat, décevant, n'est pas autre chose qu'un échec.

Si j'ai pour objectif, dans mon laboratoire de faire passer le rendement global d'une série de réactions en chaîne de 80 % à 90 % et que, malgré des mois d'efforts les nouvelles valeurs ne décollent pas de 81 %, il faut bien parler d'échec.

Les échecs peuvent également être patents dans le domaine du démarrage de nouveaux produits.

Lancer un système de film cinématographique à développement instantané pour caméras d'amateur peut sembler un intéressant champ de diversification pour une société puissante dans la photo à développement instantané.

Seulement voilà, lorsqu'on lance ce nouveau produit au moment même où les caméscopes « explosent » sur le marché, en réalisant la même fonction avec, en plus, la possibilité d'effacement et de réécriture, le succès est strictement impossible.

Dans le domaine des activités fonctionnelles on peut également connaître d'authentiques échecs. La création de coûteuses et gigantesques bases de données internes contenant les références et résumés de tous les brevets de la planète a coûté des millions de francs à certains grands groupes, or, à peine implantées elles se sont avérées inutiles car un système central accessible à tous, à distance, par télématique, a été offert par un organisme anglais, Derwent, pour un coût assez raisonnable.

La mise en place de réseaux de recherche, collecte, diffusion et traitement d'informations peut également se transformer en échec si, avant d'apprendre aux spécialistes à travailler ensemble on leur impose, sans concertation ni discussion, des moyens de télécommunication performants mais complexes, des systèmes informatiques impressionnants mais peu souples, qui seront pratiquement inutilisés.

J'ai connu ce type de phénomène ; le responsable informatique a eu l'intelligence de très bien analyser la situation pour éviter, à l'avenir, des déboires comparables. Tout nouveau développement de cet ordre commence dorénavant par une concertation avec les utilisateurs futurs. Il est tenu le plus grand compte de leurs souhaits, même s'ils sont un peu hérétiques par rapport aux canons des spécialistes de l'information. D'une part, le client devient roi, d'autre part l'informatique est considérée comme un outil, jamais comme un moteur. C'est un principe que j'ai entendu proclamer un peu partout et notamment à plusieurs reprises à Tokyo, dans des grands groupes industriels.

Peut-on désosser de façon systématique chacun de nos échecs personnels ?

Oui, par des méthodes variées adaptées à notre personnalité. Il est possible, par exemple, d'utiliser le système de l'arbre des causes, bien connu des spécialistes de la sécurité industrielle, mais le plus souvent un simple raisonnement logique peut suffire

Nous allons examiner deux exemples successifs d'échec.

Un échec dans la télématique

Le premier concerne la télématique, cette révolution technologique majeure issue d'une saisissante conjonction des télécommunications et de l'informatique, qui a permis, bien avant l'éclosion d'Internet, l'interrogation à distance de bases de données bibliographiques ou de banques de données factuelles greffées sur d'énormes gros ordinateurs (ou « mainframe computers ») appelés les centres serveurs. L'accès à ces sources d'informations extrêmement variées a d'abord été réservé aux spécialistes de l'information documentaire (ID).

Les processus d'accès s'améliorant, grâce à de nouveaux logiciels d'interrogation, on a envisagé, il y a une douzaine d'années, dans les grands groupes occidentaux, l'accès direct du chercheur à ces bases ou banques de données.

Est-ce dans le cadre du mythe du « droit à l'information » tant claironné un peu partout ? Ce n'est pas impossible. Toujours est-il que, l'idée étant dans l'air, certains ont imaginé de la concrétiser par des faits.

En premier lieu, la proposition d'offrir au chercheur l'accès direct aux banques de données internationales : elle émane du responsable du service information documentaire suite à des remarques de jeunes ingénieurs friands d'informatique appliquée.

Pour confirmer le bien-fondé de cette thèse le chef de service concerné décide de réaliser un sondage auprès des chercheurs de son centre de recherche.

Ce sondage obtient un taux de réponse tout à fait honorable de 80 %. Parmi les réponses il y a 75 % de personnes favorables à « l'accès aux bases internationales à partir de son micro-ordinateur personnel, sans avoir à se déranger ». Fort bien.

Il est alors décidé de proposer une formation adéquate aux chercheurs et les inscrits qui ne seraient pas encore équipés de micro-ordinateurs le seraient en priorité. Trente volontaires reçoivent trois séances de quatre heures et sont renvoyés dans leurs bureaux pour la suite des opérations.

Cette suite consiste en un test d'un mois durant lequel un spécialiste du service information documentaire va passer son temps auprès de chacun des trente chercheurs, une fois par semaine pour les aider à interroger avec leurs profils personnalisés (questions formulées sous forme d'équations logiques compréhensibles pour la machine), les bases de données ou pour faire des recherches rétrospectives variées sur ces bases.

Il paraît ensuite normal de considérer que chaque chercheur peut voler de ses propres ailes. Il le peut, certes, potentiellement ; mais en réalité, au bout de trois mois, seuls trois chercheurs utilisent le système ! Les autres font, comme avant, appel aux spécialistes du service information documentaire.

Nous voici donc devant un échec caractérisé.

À mon avis cet échec résulte d'une analyse fausse du problème et cela à deux niveaux :

– le responsable du service information documentaire **a cru que l'idée était dans le vent.** En fait elle ne l'était pas. Et l'on peut supposer que si le nombre de réponses positives était important c'est parce que les chercheurs sont des gens évolués et modernes, donc prêts à tenter quelque chose de nouveau ;

– les chercheurs volontaires ont sans doute estimé cet accès aux centres serveurs plus facile qu'il n'est en réalité.

Cette analyse de l'échec a conduit à tenter une deuxième expérience : placer en bibliothèque un puis deux micro-ordinateurs en libre-service pour accéder aux centres serveurs. L'avantage ? Le chercheur a, sous la main, un spécialiste ID à qui il peut faire appel. Lorsque sa recherche est terminée, il en fait une copie sur sa clé USB2 512Mo qu'il peut ensuite, tout à loisir, compulser dans son bureau sur son micro-ordinateur personnel.

La deuxième expérience fonctionne beaucoup mieux que la première : douze à quinze personnes l'utilisent régulièrement. Actuellement ce système est très utilisé pour une utilisation optimale de l'Intranet de l'entreprise et est notamment apprécié des nouveaux ingénieurs ou techniciens non encore rompus à toutes les ficelles du surf sur le Net.

Voyons un second exemple, très concret, d'analyse d'échec.

✐ En route pour un schéma fléché

À la suite de sa demande, j'avais proposé à une société mes services de consultant pour un séminaire sur les systèmes d'information stratégique qu'elle projetait de réaliser. Je reçois un refus clair mais non expliqué de cette société. Il me reste à autopsier l'échec de cette proposition.

– le coût, qui me semblait pourtant dans une fourchette raisonnable, est peut-être trop élevé ; les conditions de règlement manquent peut-être de souplesse ;

– le contenu proposé n'est peut-être pas assez explicite ;

– le contenu ne convenait pas à ce que souhaitait le client. Là plusieurs axes sont possibles : trop académique, trop théorique, trop pragmatique, pas suffisamment actualisé ou trop proche de mes derniers livres ; ma compétence est peut-être jugée insuffisante

– la proposition, sous la forme d'un tout, ne laissait peut-être pas assez de liberté de choix pour le client, deux ou trois variantes étant toujours plus appréciées qu'un projet clos et définitif ;

– le support papier (texte et copies des « slides » de mon diaporama) aurait pu être complété par la proposition d'un CD-ROM permettant une utilisation plus aisée, une diffusion plus large de tout ou partie de l'information ;

– il n'y a pas eu proposition d'un service après-vente : renseignements complémentaires gratuits en cas de besoin…

– un autre prestataire a fait une offre plus alléchante ; là plusieurs axes sont possibles aboutissant à cette hypothèse : prix, qualité, service…

Cet exemple d'analyse succincte (on ne s'arrêtera pas là) gagnera à être représenté par un schéma fléché du type des check-lists arborescentes ou en utilisant le Mind Mapping et ses conclusions prises en compte dans les propositions ultérieures d'intervention.

À vous de jouer avec l'un ou l'autre de ces modèles.

Radioscopier les succès, c'est aussi savoir faire des bilans objectifs

— Vous avez eu de la chance.

On entend souvent cette sentence après avoir eu un succès ; comme si celui-ci était plus ou moins lié au fait que l'on serait « né sous une bonne étoile ». Personnellement je n'y crois pas beaucoup ; le succès résulte de plusieurs paramètres qui se trouvent réunis au bon moment.

L'arbre des causes utilisé pour analyser les échecs peut bien entendu être utilisé pour faire radioscopier les succès.

Pour mettre sur un même pied d'égalité les échecs et les succès, malgré ma préférence marquée pour les seconds, j'utilise donc un arbre des causes arborescent que j'ai cité pour l'analyse des échecs et je vous laisse le soin de vous entraîner. Le succès sera un petit rectangle, situé sur la droite et c'est par un raisonnement rétroactif que vous remplirez, une par une les cases de l'arbre des causes.

Je vous recommande de réaliser cet exercice à votre prochain petit succès de quelque nature qu'il soit :

— augmentation de salaire,
— acceptation de l'un de vos projets,
— promotion.

Vous verrez que tout peut s'expliquer, qu'il reste certains points d'interrogation mais que cette étude introspective est parlante et permet une meilleure compréhension des événements.

La réussite d'une innovation technique sera analysée selon le même principe.

Marier la carpe et le lapin !

Une société spécialisée dans l'électronique dépose un brevet sur un herbicide sélectif pour céréales ; une autre, habituellement entièrement vouée aux métaux non ferreux brevète un médicament. Ces deux exemples incongrus peuvent être assimilés au mariage de la carpe et du lapin.

Qu'y a-t-il derrière ces deux étranges accouplements ? Soit quelque chose de tout à fait farfelu, soit une tentative de désinformation, de noyade du poisson (la carpe, bien sûr), soit une ébauche de diversification majeure.

FIGURE 23
Marier la carpe et le lapin !

L'opinion qui dérange,

qui paraît farfelue voire RIDICULE

est souvent celle qui est la plus utile
pour évoluer vers une solution vraiment nouvelle

Ne vous enfermez pas dans une tour d'ivoire

Des groupes ont été réunis pour traiter des sujets généraux et « grand public » : réfléchir à des produits de beauté pour animaux de compagnie (nature, présentation, conditionnement), ou proposer un dispositif d'ouverture-fermeture pour boisson conditionnée en briques de carton, ou encore proposer un système intégré de classement de documents hétérogènes : feuilles, ouvrages, disquettes, CD-ROMs, fiches...

La création de deux sous-groupes de six personnes chargés de travailler sur le même thème, dans deux petites pièces séparées, pendant trois heures a parfaitement démontré que le champ des idées d'un groupe est plus large que celui d'une seule personne. Car une idée émise dans l'équipe se combine avec une autre et, de proche en proche, il y a explosion arborescente des idées.

La comparaison des suggestions des deux sous-groupes a montré qu'il y a des idées communes mais aussi des « divergences constructives » et, finalement il ressort aussi que **l'opinion qui dérange, qui paraît farfelue ou ridicule, est souvent celle qui est la plus utile pour évoluer vers une solution vraiment nouvelle.**

Il est apparu clairement que la fantaisie, la bonne humeur, l'envie de s'amuser sont des éléments déterminants pour avancer dans cette phase préalable de l'innovation. Après, bien entendu, la rigueur, les contraintes interviendront nécessairement, il ne faut jamais l'oublier.

Surveiller pour innover

Un sport d'équipe à l'asiatique ?

La veille stratégique, de quoi s'agit-il ? D'une exploitation systématique de l'information réalisée par l'observation et l'analyse de l'environnement scientifique, technique, technologique et économique d'une entreprise pour déduire les menaces et les opportunités de développement qui la concernent ; c'est-à-dire pour l'aider à prendre des décisions à caractère stratégique.

(Le terme veille technologique, très utilisé en France n'est pas adéquat et il convient plutôt de l'élargir au commerce, aux affaires en employant le terme veille stratégique, qui est une des composantes de l'intelligence économique, la « *competitive intelligence* » des Américains ou des Anglais).

Deux raisons majeures qui plaident en faveur d'une veille stratégique intense, deux raisons qui sont deux objectifs.

D'abord, la nécessité absolue d'innover, de viser l'innovation permanente.

La nécessité de ne pas se contenter de produire et de vivre sur ses acquis est maintenant bien comprise et induit une prise de conscience croissante de l'obligation de maîtriser parfaitement les informations scientifiques, techniques, technologiques, technico-économiques de ses domaines d'activité pour surveiller, se défendre, attaquer. En bref il faut, pour innover, savoir ce que font les autres : l'idée nouvelle résulte généralement de la conjonction de cette veille et de la créativité propre à l'entreprise.

Le slogan « J'innove donc je veille » proclamé de façon tonitruante dans mes cours ou conférences, indique clairement la couleur ; c'est parce qu'une société est innovante qu'elle a besoin de la veille stratégique.

L'expérience prouve que plus on surveille les secteurs techniques et la concurrence plus l'on devient apte à innover ; l'attitude défensive se transmute peu à peu en attitude offensive.

🖉 Quand l'imitateur devient créateur

Dans la chaîne Recherche – Développement Innovation – Production – Vente, le Japon a longtemps fait l'économie de la recherche en se montrant le champion de la mise en pratique, du développement. Et puis, graduellement, l'imitateur est devenu créateur. De plus en plus il s'est mis à inventer, à protéger ces inventions en les brevetant ; les plus marquantes sont noyées dans une énorme quantité de brevets de position, d'occupation du terrain.

Même si nous estimons que seulement 8 % des brevets japonais, ceux qui sont déposés, parallèlement, dans le monde occidental, sont importants, ils représentent tout de même un impressionnant total. La lutte sera de plus en plus chaude dans les années à venir car les brevets d'aujourd'hui sont les installations industrielles de demain.

Ensuite, la nécessité d'améliorer constamment sa compétitivité

Parallèlement à l'obligation de viser l'innovation permanente l'entreprise ne doit pas perdre de vue la nécessité d'améliorer constamment sa compétitivité, c'est-à-dire sa capacité à vendre durablement et avec profit ce qu'elle produit, tout en décelant en permanence les besoins exprimés ou latents des consommateurs et en répondant à ses besoins.

Nous ne développerons pas ce point largement abordé dans *L'intelligence économique, la comprendre, l'implanter, l'utiliser*.

Pourquoi peut-on qualifier la veille stratégique de « sport d'équipe à l'asiatique » ?

Parce que, chez eux il s'agit d'une organisation très collective, en groupes, en réseaux. Nous nous en inspirons pour utiliser au mieux les résultats de notre veille stratégique. Mais nous avons encore beaucoup à apprendre.

Le Japon a compris que surveiller ne suffisait pas ! Il faut aussi chercher, trouver, développer, produire, et, surtout, vendre. Aussi est-il nécessaire, le plus souvent, d'avoir une politique de propriété industrielle active, pour être efficace dans toute la chaîne conduisant de la recherche à la production et au marché. Cela n'a pas mis le Japon à l'abri d'une terrible crise financière qu'il a maintenant dominée et il faut insister sur le fait que durant cette longue crise il a continué à innover.

La Chine emprunte à son tour les méthodes japonaises et son développement extrêmement rapide en ce début du XXIe siècle montre qu'elle assimile fort bien les leçons. L'Inde suivra sans doute la même voie, comme la Corée, Singapour, Taïwan.

Il est fortement recommandé de mettre dans notre poche l'individualisme forcené de Français pour **accomplir la veille.**

Et pour innover ? Bien sûr l'individu créatif existe ; mais il gagne à inspirer un groupe plutôt qu'à être isolé dans son coin.

Comme nous l'avons vu dans le paragraphe précédent, les petits groupes de créativité peuvent apporter beaucoup, surtout si on ne les limite pas à des objectifs trop précis, trop orientés vers le court terme.

Savoir planifier

Pour passer le relais à l'équipe ou à la commission qui sera chargée de faire le tri parmi les idées nouvelles, il sera utile, pour l'innoclub, de posséder des notions de base de planification, pour que les deux groupes parlent le même langage.

Il faut donc qu'au moins le leader de l'innoclub soit capable de fixer des objectifs, de déterminer les priorités, de tenir compte des contraintes, de programmer l'usage d'indicateurs pour agir et aussi pour contrôler. Selon le

© Éditions d'Organisation

fascicule de documentation AFNOR FD X 50-171 L'indicateur est « une information choisie, associée à un critère et destinée à en observer les évolutions à intervalle défini ». (5).

Il devra aussi savoir que les indicateurs sont des chiffres pouvant avoir différents formats comme nous l'avons souligné dans *L'intelligence économique, la comprendre, l'implanter, l'utiliser :*

comptage

taux (ou rapport)

ratio : c'est le rapport entre des quantités d'unités différentes, mais on notera que la plupart des publications utilisent le terme ratio pour un taux

notation : c'est une appréciation obtenue par une grille ou une loi.

indice : c'est un nombre sans dimension repérant une valeur en fonction d'une base. Exemple : indice de production industrielle d'un pays : 117 par rapport à la base 100 de 1995.

Voici quelques exemples d'indicateurs de recherche et développement

Ratio (Dépenses de R & D / CA) = R1

Ratio (Effectif R & D / Effectif total) = R2

Nombre annuel de brevets nationaux publiés, (N1)

Nombre annuel de brevets internationaux publiés N2 : brevets déposés dans les 3 zones majeures : USA, Japon, Europe

Ratio N1 / N2 = R3 (R3 sera toujours supérieur ou égal à 1)

Ratio (Nombre annuel de brevets nationaux publiés / Effectif R & D) = R4

Taux annuel de variation de N1 = T1

Taux annuel de variation de (N1 / N2) = T2

Nombre annuel de licences vendues = N3

Nombre annuel de licences achetées = N4

Nombre annuel de licences échangées = N5

Bien entendu cette série d'indicateurs n'est pas exhaustive et les spécialistes R & D l'enrichiront sans trop de difficultés. **Mais ce qui peut s'avérer difficile c'est l'obtention des valeurs correspondantes.**

La représentation graphique des indicateurs caractérisant un domaine que l'on veut surveiller en particulier, revêt de l'importance car une représentation adaptée facilitera grandement l'interprétation d'un ensemble d'indicateurs, et donc la prise de décision qui est l'objectif. Nous pourrons choisir entre cinq représentations possibles (5) :

l'histogramme,

le nuage de points,

la courbe,

le camembert,

le radar.

Les quatre premières sont bien connues car un tableur, comme Excel de Microsoft, permet de transformer un tableau de chiffres relatifs à une fonction d'une ou plusieurs variables en courbe, en histogramme (planaire ou spatial), en camembert multicolore.

Le radar est une représentation assez attrayante pour « visualiser une situation à un instant t pour plusieurs critères. Il fait office de baromètre… » (5).

La figure 24 montre la représentation radar de six des indicateurs de R&D cités plus haut relatifs à deux entreprises que l'on a mis sous surveillance.

© Éditions d'Organisation

FIGURE 24
Radar d'indicateurs de R&D

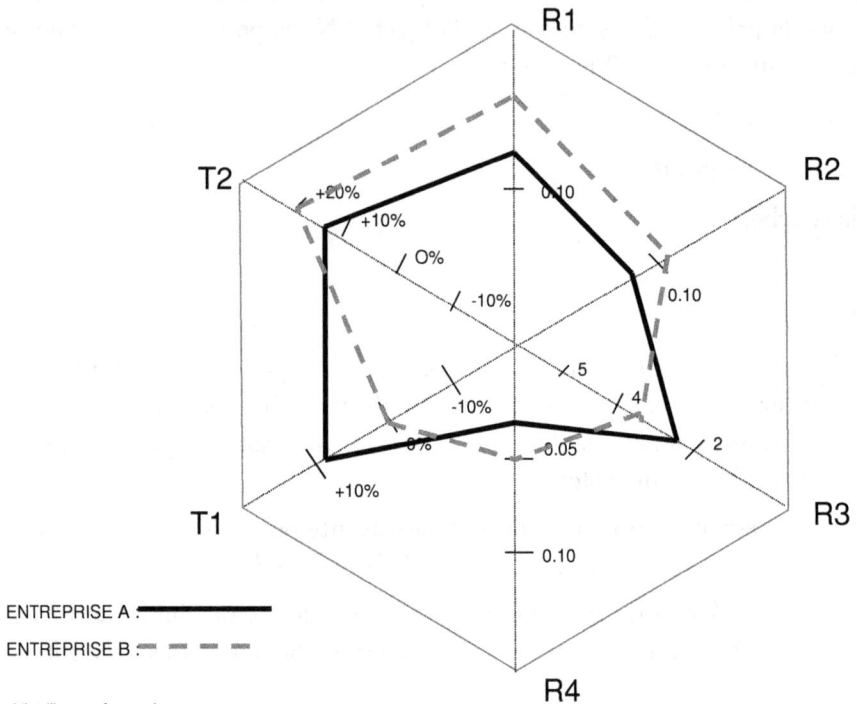

Il pourra être utile, mais ce n'est pas indispensable, de savoir utiliser, outre Excel (et le Mind Mapping sur lequel nous reviendrons), Microsoft Project très utile pour la planification.

Exercice

Rechercher sur Internet des logiciels de gestion de projet téléchargeables gratuitement. (Il en existe au moins quatre qui sont tout à fait valables).

8

L'INNOCLUB EN ACTION

L' innoclub que nous avons constitué dans le chapitre précédent – Charles, Didier, Gisèle, Francis et Henri– est maintenant prêt à bondir, il a acquis les éléments de base lui permettant de se lancer dans la créativité active.

Il y a lieu de préciser un certain nombre de points avant de vraiment démarrer le remue-méninges.

Structure d'échange pour les innoclubs

Nous avons vu dans *L'intelligence économique* (1) que parmi les apports majeurs du *knowledge management* (gestion des connaissances) il y avait lieu de retenir la création d'une structure interactive d'échanges car elle doit beaucoup apporter à la créativité et en particulier aux innoclubs.

Cette structure permet en effet :

– des contacts synchrones ou asynchrones d'un innoclub avec tel ou tel spécialiste mentionné au cours de la discussion. L'avantage de cette possibilité de contact direct avec les experts du domaine est évidente ; elle permet d'élargir la compétence de l'innoclub s'il bute sur un problème technique. Il est recommandé d'avoir un réseau d'experts prédéterminé dont chaque membre aura été prévenu qu'il peut être sollicité aux jours et heures de réunion de l'innoclub.
– des consultations en ligne, en cours de réunion, de la base de connaissances générale, du webmaster qui en est responsable et des bases spécifiques correspondant aux sujets de travail de chaque innoclub.

Une base de connaissances spécifique

Ceci nous conduit à envisager la création d'une base de connaissances. **Un innoclub a intérêt à créer une base de connaissances spécifique,** comme tout groupe d'experts de l'intelligence économique. Elle permettra, en cours de réunion, en ligne, d'avoir accès à toute information qui sera nécessaire à l'innoclub au cours de sa réunion.

La figure 25 schématise cette structure d'échanges à prévoir pour faciliter la tâche des innoclubs.

FIGURE 25

Structure d'échange pour les innoclubs

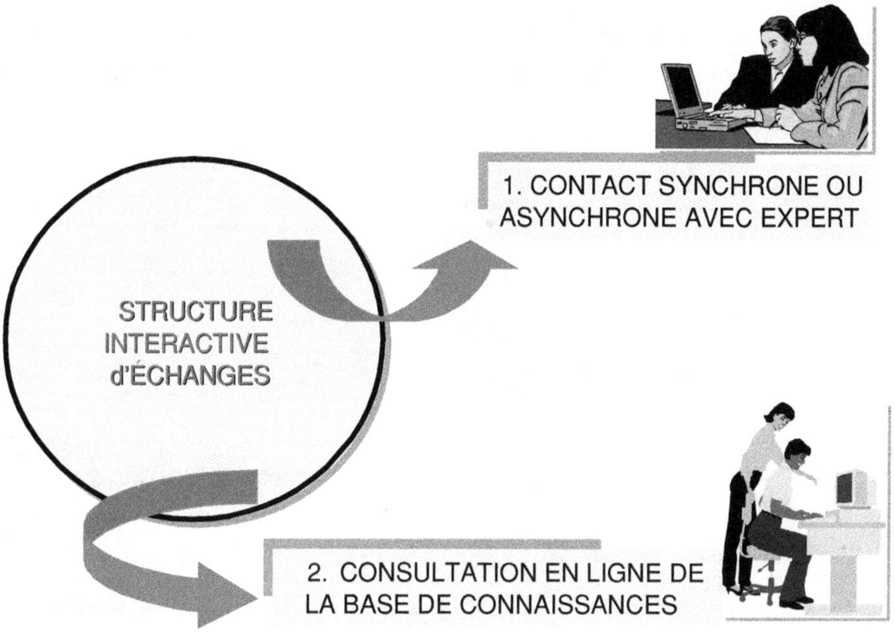

1. CONTACT SYNCHRONE OU
ASYNCHRONE AVEC EXPERT

STRUCTURE
INTERACTIVE
d'ÉCHANGES

2. CONSULTATION EN LIGNE DE
LA BASE DE CONNAISSANCES

Intégration des innoclubs

Les liens entre innoclubs et groupes d'experts peuvent varier, en fonc-tion des besoins et de la culture de l'entreprise ainsi que de sa politique d'innovation.

Mode de mixage des innoclubs et des groupes d'experts :

Nous avons vu dans (1) comment étendre l'intelligence économique vers le benchmarking, comment intégrer le benchmarking dans notre dispositif, en créant, dans deux familles de groupes d'experts :

les groupes Stratégie,

les groupes Applications / Services,

des groupes de travail mixtes, les GTM, à vocation benchmarking concurren-tiel pour les premiers, à vocation benchmarking générique pour les seconds.

Peut-on adopter une démarche, une méthode semblable pour inté-grer les « innoclubs » dans l'intelligence économique élargie définie dans (1) ?

Doit-on, au contraire, **adopter une méthode radicalement différente en considérant les innoclubs comme des « électrons libres » devant néces-sairement disposer d'une très grande liberté** et d'une autonomie bien supérieure à celle des groupes de travail mixtes ?

Nous allons successivement examiner ces deux possibilités représentées sur la figure 26.

FIGURE 26

Innoclubs intégrés ou indépendants

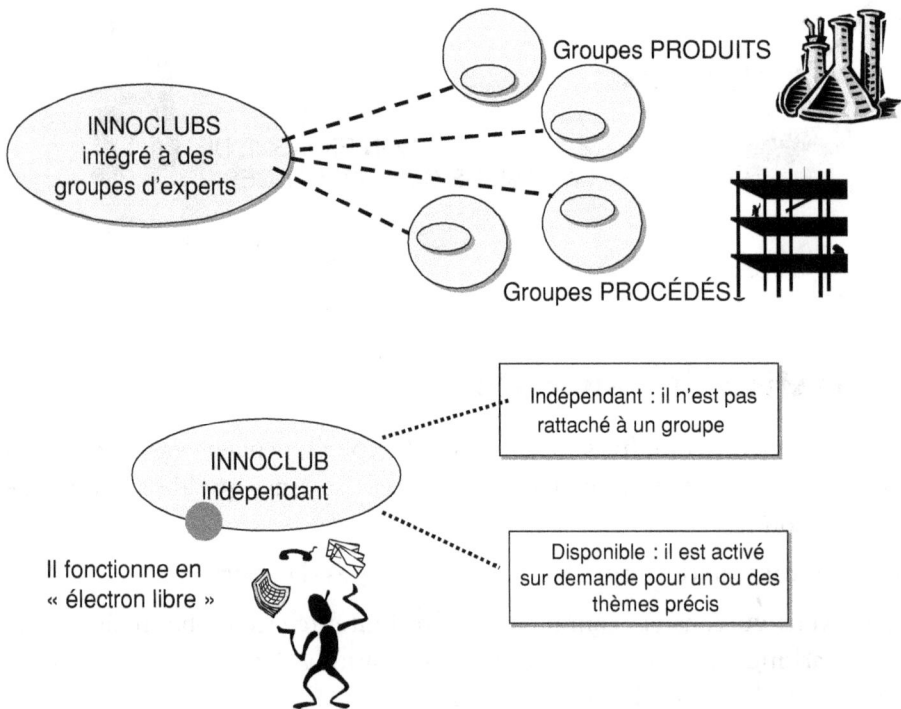

INNOCLUBS
intégré à des
groupes d'experts

Groupes PRODUITS

Groupes PROCÉDÉS

INNOCLUB
indépendant

Indépendant : il n'est pas
rattaché à un groupe

Disponible : il est activé
sur demande pour un ou des
thèmes précis

Il fonctionne en
« électron libre »

Intégration des innoclubs dans les familles de groupes d'experts

Cette intégration est une façon cartésienne de poser et résoudre le problème.

Nous estimons que l'on peut intégrer un ou plusieurs innoclubs dans deux familles de groupes d'experts ayant une vocation d'innovation évidente :

— les groupes produits,
— les groupes procédés.

Le terme « intégrer » est peut-être un peu fort et, s'il est parfois souhaitable et possible, nous aurons souvent une association plutôt qu'une intégration.

Ainsi cette intégration (ou cette association) complète l'élargissement de l'intelligence économique :

— à deux familles technologiques nous associons des innoclubs qui auront la mission d'apporter des propositions de créativité-innovation sur des thèmes concernant les activités des groupes produits et procédés.

Les innoclubs indépendants

C'est une autre manière, plus innovante peut-être, de traiter le problème : l'entreprise peut fort bien créer un, deux, trois innoclubs totalement indépendants et disponibles.

Indépendants : ils ne sont pas rattachés à des groupes produits ou à des groupes procédés. Ils ont une existence autonome, ils peuvent même, de temps en temps, se mettre en sommeil, en repos, pour préparer les éruptions créatrices de demain ;

Disponibles : sur demande ils sont activés pour se pencher sur un ou plusieurs thèmes précis choisis par la direction générale et les voilà mobilisés pour une nouvelle aventure, en sachant fort bien que ce que l'on trouve n'est jamais exactement ce que l'on cherchait, en gardant intactes leur acuité et leur faculté d'émerveillement. Et en étant, en plus, d'une opiniâtreté diabolique.

Les consignes de travail données aux innoclubs

Dans le cadre de l'intelligence économique et de son élargissement, nous préconisons des actions de benchmarking et de créativité, dans le but d'améliorer la compétitivité et de réaliser l'innovation permanente. Nous avons largement développé le thème du lien entre le benchmarking et la créativité dans la référence (1) et nous y renvoyons le lecteur intéressé par le benchmarking, qui consiste à s'inspirer des meilleurs.

Nous nous limitons donc, dans le présent ouvrage, à la créativité et il nous apparaît nécessaire de **compléter la formation des membres de l'innoclub par des consignes complémentaires** s'ajoutant aux éléments de base présentés dans les chapitres précédents.

Ces consignes apparaissent sur la figure 27 :

© Éditions d'Organisation

FIGURE 27
Innoclubs, consignes complémentaires

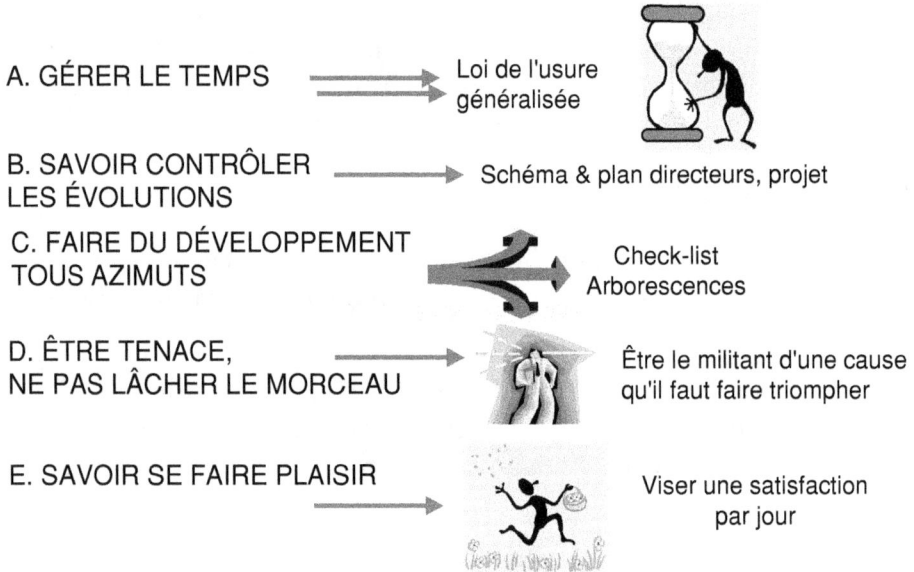

A. GÉRER LE TEMPS → Loi de l'usure généralisée

B. SAVOIR CONTRÔLER LES ÉVOLUTIONS → Schéma & plan directeurs, projet

C. FAIRE DU DÉVELOPPEMENT TOUS AZIMUTS → Check-list Arborescences

D. ÊTRE TENACE, NE PAS LÂCHER LE MORCEAU → Être le militant d'une cause qu'il faut faire triompher

E. SAVOIR SE FAIRE PLAISIR → Viser une satisfaction par jour

A. Gérer le temps

> « Ce n'est pas le temps qui manque, c'est nous qui lui manquons. »
> *PAUL CLAUDEL*

Nous avons déjà abordé la question de la gestion du temps comme frein à l'esprit innovant dans le chapitre 4.

Efforçons nous de ne jamais utiliser cette formule : « Je n'ai pas le temps. » Il convient de la classer dans la même catégorie que : « On n'a pas de chance. » Cette dernière formule est là comme une excuse, la constatation d'une fatalité ; comme s'il existait deux familles distinctes d'individus, ceux qui n'ont pas de chance et ceux qui en ont. Rappelons-nous plutôt de la formule traditionnelle : « Aide-toi, le ciel t'aidera. », volontariste et beaucoup plus satisfaisante.

Pour le temps c'est la même chose, il est beaucoup trop simpliste de décréter que l'on en manque. Il s'agit plutôt de savoir comment l'utiliser au mieux, comment *s'organiser* de façon à ne pas être pris de court.

Il existe beaucoup de façons d'optimiser son emploi du temps et chacun est libre de choisir ce qui lui convient dans ce que lui proposent les spécialistes de la question : ouvrages, séminaires, sessions de formation permanente foisonnent sur ce thème crucial. Nous renvoyons le lecteur à ces diverses sources si ce point lui pose problème.

Bien gérer son temps c'est s'organiser pour éviter d'être débordé ou surmené. Avant d'utiliser un logiciel de gestion de temps (que je présente plus loin), sachez prendre les mesures de bon sens que les spécialistes recommandent sans cesse mais que peu de cadres utilisent :

- apprenez à lire rapidement un texte, par une lecture en diagonale,
- ne perdez pas trop de temps avec le courrier reçu, traitez-le le plus rapidement possible pour ne plus avoir à y revenir, (ceci aussi bien pour les lettres traditionnelles que pour les courriels).
- n'organisez pas de réunions trop longues, visez une durée d'une heure à une heure trente avec un ordre du jour précis et minuté,
- pas de réunion sans ordre du jour et compte rendu. Pour ne pas tomber dans l'excès de rigueur pensez de temps à autre aux petits déjeuners, déjeuners ou dîners d'affaires,
- ne tombez tout de même pas dans l'obsession du temps perdu ; si vous faites de nombreux déplacements professionnels n'hésitez pas à utiliser le temps passé en avion ou train à dormir, à vous relaxer.

Pour gérer rationnellement son temps dans le développement des idées nouvelles la solution que j'utilise généralement, qui fonctionne, n'est qu'une solution parmi d'autres. Je vais la développer dans le paragraphe suivant en sachant fort bien qu'elle ne pourra convenir à tout le monde. Elle me semble surtout appréciée des cartésiens alors qu'elle serait sans doute encore plus utile à ceux qui ne le sont pas.

La méthode PERT et les logiciels

L'enthousiasme étant considéré comme acquis, le temps est un élément essentiel.

L'intense activité nécessaire pour avoir des chances d'innover suppose une excellente gestion des ressources humaines et matérielles mais aussi, peut-être surtout, du temps.

La méthode PERT (Programme Evaluation and Review Technique) est un outil tout à fait remarquable et maintenant d'un emploi commode grâce aux divers logiciels proposés pour les micro-ordinateurs. Cette méthode, connue depuis un grand nombre d'années, a longtemps été réservée aux projets complexes comportant un très grand nombre de tâches, dans le bâtiment et les travaux publics par exemple.

Avec le développement de la micro-informatique il est devenu possible de l'utiliser pour des projets de toutes les dimensions grâce à des logiciels extraordinairement performants et d'un emploi très aisé.

Elle peut être utilisée pour des applications très variées :

— mise en place d'un réseau d'information documentaire,
— mise en place d'un réseau de veille technologique,
— gestion de cours de DEA à l'université Aix-Marseille III,
— organisation d'une journée portes ouvertes,
— gestion annuelle de cycles de conférences.

Un logiciel comme MAC PROJECT constitue un progrès énorme en facilité d'emploi et en possibilités de présentation. Hors MacIntosh, pour les utilisateurs de micro-ordinateurs MS-DOS il existe bien entendu des logiciels équivalents comme Microsoft Project (MS Project).

L'utilisation de la souris, des menus déroulants, des nouvelles possibilités graphiques, rendent MS Project très séduisant et performant ; le gain de temps est énorme par rapport à un processus manuel dès que l'on a plus de quinze à vingt tâches à gérer.

En effet celles-ci ne se déroulent pas de façon simplement séquentielles, certaines peuvent s'effectuer en parallèle, d'autres pas et il est difficile en conséquence de déterminer le calendrier prévisionnel de l'ensemble et d'estimer les ressources à mettre dans le projet, l'évolution du personnel et des moyens financiers nécessaires.

Pour ne pas surcharger le présent livre, nous donnerons seulement quelques éléments essentiels du système intéressants à connaître dans une première approche, au niveau de l'innoclub.

On retiendra essentiellement les cinq étapes successives classiques :

— établissement de la liste des tâches (ou opérations) prises en compte, dans un premier temps, en vrac ;

— détermination des liens entre tâches : cette étape nécessite un certain nombre d'estimations pour juger des opérations se déroulant séquentiellement, l'une après l'autre et de toutes celles qui peuvent être conduites en parallèle. (Bien évidemment si toutes les opérations étaient purement séquentielles – chacune ne pouvant commencer que si la précédente est terminée – le PERT n'aurait aucun intérêt). Le logiciel de gestion de projet est très utile car il permet le tracé, à ce niveau, du premier graphique du réseau ;

— introduction des dates, estimation des durées : cette étape permet de déterminer la marge de temps pour réaliser chaque opération, le chemin critique constitué par toutes les opérations à marge nulle et le calendrier estimatif du début et de la fin de chaque opération ;

— introduction des ressources affectées aux tâches, c'est-à-dire le nombre et les caractéristiques des acteurs affectés à la réalisation de chaque tâche. À ce niveau, compte tenu des rémunérations, les coûts peuvent être évalués par le gestionnaire de projet ;

— lissage du projet : il permet la vérification de la bonne affectation des ressources. Il en résulte un deuxième graphique du réseau où la grande majorité des opérations disposeront d'une marge de temps pour être réalisées.

L'ensemble peut alors être édité, présenté, soit par un graphique, soit par des histogrammes, soit par des tableaux de nature variée, au choix de l'opérateur.

Si vous avez fait efficacement l'exercice de la fin du chapitre précédent vous devez disposer d'un logiciel similaire acquis gratuitement.

Loi de l'usure généralisée : le temps efface tout

Avec le temps, va, tout s'en va... chantait Léo Ferré. C'est peut-être un lieu commun mais qui fait ressortir l'intérêt de bien maîtriser au maximum ce facteur, pour éviter ou tout au moins réduire les mauvaises surprises.

Nous conviendrons d'appeler *« loi de l'usure généralisée »* ce phénomène d'érosion que le temps imprime à toutes nos activités. Un exemple intéressant est celui des cahiers de consignes qui sont élaborés pour les équipes chargées, dans l'industrie, de la production de produits, pièces, appareillages.

En principe toute modification d'opération doit être inscrite clairement dans le cahier de consignes ; toute modification de consigne décidée par la hiérarchie doit être dûment enregistrée soit dans la rubrique « consignes permanentes » soit dans la rubrique « consignes spéciales ou temporaires ».

Que constate-t-on après quelques mois de fonctionnement si on laisse les choses suivre leur cours naturellement ? Une dérive entre ce qui est recommandé, écrit, consigné, et la réalité des faits. Les opérateurs interprètent les faits, les situations (« j'connais mon boulot »...) et prennent les décisions pour remédier à tel ou tel incident. Des décisions exceptionnelles et temporaires se transforment parfois en recommandations, transmises de bouche à oreille (« ils disent de mettre 5 kilos de poudre mais tu devrais plutôt en mettre 10, on est plus tranquille... »). Les mois passent, la dérive se poursuit. Bien sûr ça peut marcher, ça marche, mais l'inconvénient c'est qu'on ne sait plus assez exactement pourquoi et comment.

La mise à la retraite anticipée des salariés a conduit à l'élimination prématurée, en production, des ingénieurs, techniciens, contremaîtres, ouvriers, de plus de cinquante-cinq ans. Parallèlement, pour accroître la productivité, de nombreuses sociétés ont eu recours à des processus d'automatisation et robotisation des fabrications, pour réduire, encore et toujours, les effectifs.

Les cahiers de consignes de chaque installation ont donc été disséqués, chaque ligne devenant une ou plusieurs instructions pour l'ordinateur. Jusque-là, fort bien. Mais il y a eu beaucoup de mauvaises surprises : les premiers essais d'opérations informatisées utilisant ces instructions ont donné des résultats plus ou moins fantaisistes ou aberrants.

Pourquoi ? Parce que les cahiers de consignes qui, à l'origine, au moment de leur rédaction, représentaient un ensemble de règles valables, avaient pris un sérieux coup de vieux, avaient subi un certain nombre de **modifications, parfois uniquement verbales** et non mentionnées par écrit. Ces modifications, mineures isolément, provoquent, additionnées, des changements considérables.

C'est la démonstration d'un fait bien connu des spécialistes de l'information professionnelle : **l'information technologique contient une forte dose de données se transmettant de façon informelle, de bouche-à-oreille.**

Dans le cas précité de mise en retraite intempestive de bataillons d'hommes de terrain, il a fallu, dans certains cas, faire revenir quelques hommes-clés pendant plusieurs mois pour réexaminer les cahiers litigieux et, pas à pas, rectifier les instructions pour les ordinateurs.

B. Savoir contrôler les évolutions

Cette aventure arrivée aux spécialistes de l'automatisation démontre la nécessité du contrôle au niveau de la production industrielle. Il faut également la recommander au niveau du développement, car **dans l'indispensable étape de réalisation pratique de l'idée nouvelle, la rigueur devient vraiment nécessaire.**

Deux processus peuvent être envisagés :

– gestion rationnelle, globale, de l'ensemble de l'innovation ;
– gestion séparée, décentralisée de chaque innovation importante.

Gestion globale

Elle reposera sur trois documents complémentaires à réaliser par le chef de projet innovation, indispensables pour assumer la responsabilité de l'ensemble :

1 – Le schéma directeur

C'est un document de quelques pages qui définit la doctrine de la société concernant l'innovation : but, enjeu, règles générales.

2 – Le plan directeur

Utilisant le schéma directeur, ce document de quelques dizaines de pages permet de passer de la doctrine à la méthode.

Il va permettre de développer la méthode, présenter la structure, les procédures, le mode de contrôle, d'aborder le problème des coûts et du calendrier.

Il doit préciser quels sont les **acteurs** du dispositif et quel est leur rôle. À ce stade, sans citer les personnes concernées, il y a lieu de chiffrer l'effectif que l'on envisage de « mobiliser » dans les divers innopôles ou innoclubs.

Le paragraphe **Structure** doit à la fois définir les innopôles (innoclubs) et leur sujets d'intérêt.

141

Les modalités générales de fonctionnement doivent alors être indiquées. Elles sont destinées à l'ensemble des acteurs, mais plus particulièrement aux observateurs concernés et aux animateurs des groupes d'experts :

— elles précisent le caractère plus ou moins accentué de la décentralisation et le degré de liberté de chaque groupe qui en dépend directement ;
— elles définissent, sous forme de *recommandations,* les règles régissant la recherche, la collecte, la diffusion de l'information. Certaines de ces recommandations sont des directives, obligatoires, des points de passage obligés : c'est le cas pour l'utilisation des réseaux de télécommunication et du réseau informatique internes.
— elles indiquent les types d'information à prendre en compte, par une liste de contrôle (« check-list ») contenant la typologie des données à rechercher, collecter, diffuser, traiter ;
— elles préconisent l'emploi des « check-lists arborescentes » (développées dans le paragraphe suivant) pour, parallèlement à la surveillance de ce qui paraît dans le domaine, engendrer la créativité et les idées nouvelles.

Le plan directeur indiquera aussi les logiciels et matériels choisis pour constituer les banques de données spécifiques éventuelles à prévoir pour réaliser la mémorisation de l'information (attention aux abus ! le système ne s'impose que pour des sujets où la quantité d'informations est considérable ce qui, dans un dispositif d'innovation sectorielle, est loin d'être le cas général).

Le mode de contrôle du fonctionnement de l'ensemble est à prendre en compte dans tous les cas au niveau de ce plan.

Si l'informatique peut apporter une aide précieuse dans un secteur c'est bien dans celui du contrôle, car il vaut mieux que celui-ci ne soit pas uniquement intuitif et subjectif.

L'estimation des coûts est souvent une partie importante du plan directeur.

3 – Le suivi de projets

C'est un ensemble de documents, (pas nécessairement imprimés, ils peuvent être réalisés sur CD-ROM), un par sujet, précisant le mode opératoire choisi, le calendrier, et, par des mises à jour périodiques, l'historique du déroulement des opérations de mise en application des idées nouvelles qui ont été retenues.

Gestion séparée

Ce système sera choisi si l'on souhaite un dispositif plus souple, moins contraignant.

Dans ce cas :

– il n'existe pas de schéma directeur,
– il n'existe pas de plan directeur.

Ce dispositif comporte un certain nombre de projets indépendants et il est indispensable de nommer, pour chacun, un chef de projet.

Cela signifie que lorsqu'une idée émanant d'un innoclub est étudiée, testée, reconnue valable, l'innoclub « passe le bébé » à un responsable chargé de la mise en pratique.

Il est recommandé, si l'on opte pour la gestion séparée, de nommer un coordinateur qui aura une vue globale sur les divers projets ce qui doit favoriser la fertilisation croisée.

Les deux modes de gestion, globale ou séparée, sont schématisés sur la **figure 28**.

FIGURE 28
2 modes de gestion du projet innovation

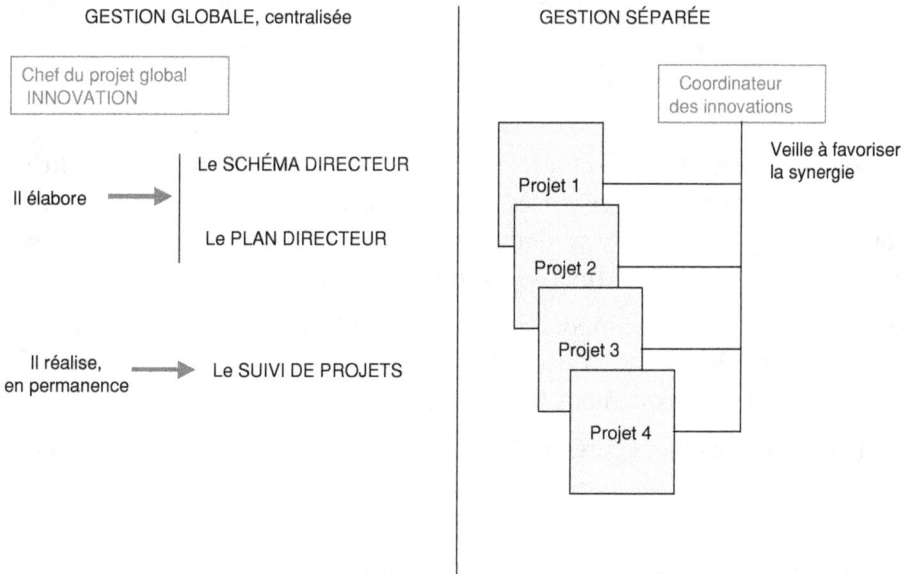

GESTION GLOBALE, centralisée

| Chef du projet global INNOVATION |

Le SCHÉMA DIRECTEUR

Il élabore →

Le PLAN DIRECTEUR

Il réalise, en permanence → Le SUIVI DE PROJETS

GESTION SÉPARÉE

| Coordinateur des innovations |

Veille à favoriser la synergie

Projet 1

Projet 2

Projet 3

Projet 4

C. Faire du développement tous azimuts

La consigne, la règle d'action que nous venons de citer, est destinée à assurer une bonne gestion du développement. Il est clair qu'elle ne saurait suffire car ce développement doit être dynamique et offensif.

Nous devons donc transformer une attitude déjà citée : agir tous azimuts, en une autre consigne d'action.

Voyons d'abord la « check-list arborescente » dont l'usage constitue un exercice recommandé que les innoclubs auront intérêt à diffuser largement, même si le logiciel de Mind Mapping que nous verrons plus loin est préférable.

Nous allons illustrer le système par deux études de cas correspondant à des domaines très différents : l'électricité d'abord, l'organisation ensuite.

Étude de cas N° 1 : innovation technologique

Le problème posé est le suivant : simplifier le système d'alimentation de tous types d'appareils portatifs à pile.

L'idée de base représentera le premier niveau de l'arborescence ; elle part de la constatation suivante : il est souvent peu commode de changer les piles des appareils portatifs et il est donc souhaitable de chercher des solutions à ce problème qui concerne un nombre extrêmement important de consommateurs.

Le second niveau de l'arborescence propose une première piste : la solution « cassette » : les cassettes sont très pratiques dans de multiples applications et pourquoi ne pas utiliser ce système pour les piles ? Il y a donc lieu de prévoir un logement simplifié, normalisé, pour recevoir ces cassettes.

Le niveau 3a (cassettes) propose deux choix : ou la modification généralisée de la forme des piles ou la création d'un container susceptible de recevoir des piles standard, telles que nous les connaissons.

Le niveau 3b (logement) présente les caractéristiques du logement : injection et éjection automatiques, impossibilité physique de faire des erreurs de polarité.

Les différents cartouches du niveau 4 montreront comment l'on poursuit, comment l'on affine les solutions aux divers problèmes. La modification de forme des piles propose qu'elles soient cubiques ou parallélépipédiques, à moins qu'on trouve autre chose. Si l'on opte pour un container capable de « digérer » les piles actuelles du marché, il faut prévoir soit un container modulable multicapacité, soit des familles de formes de container fonction du voltage. Dans un cas comme dans l'autre le choix sera précisé dans les cartouches de niveau 5, voire 6 si nécessaire. Rien ne vous empêche de continuer à traiter cet exercice pour votre plaisir personnel.

Exercice

Dessiner l'arborescence décrite dans le texte

La prolonger jusqu'aux niveaux 5 et 6

Trouver une alternative, au niveau 2, à la piste cassette

Étude de cas N° 2 : innovation organisationnelle

La check-list correspondante constitue la figure 29 et concerne un sujet particulièrement intéressant abordé dans l'introduction : réduire l'absentéisme.

FIGURE 29
Check-list arborescente

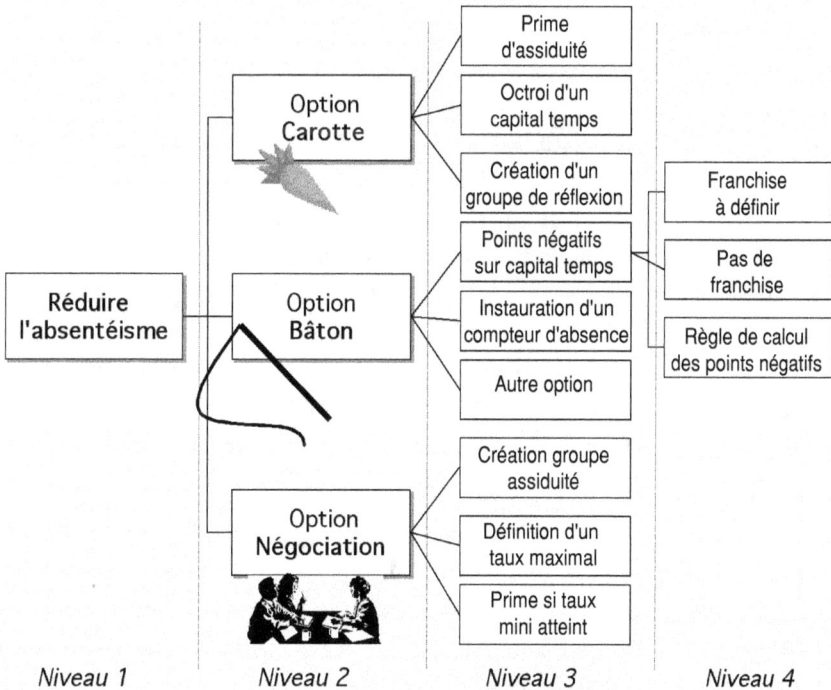

Au niveau d'arborescence 2, nous pouvons avoir trois variantes :

La carotte : rendre le travail plus attractif.

Le bâton : rendre l'absence moins alléchante.

La négociation : faire appel au bon sens.

La première de ces variantes conduit à deux possibilités : une prime d'assi-duité versée à chaque fin de mois au personnel n'ayant aucune absence ou un certain nombre d'heures de congés supplémentaires constituant un « capital temps » consommable après six mois sans absence par exemple, ou la création d'un groupe de réflexion « récompense » pour étudier les différentes pistes possibles.

La seconde variante est plus délicate à mettre en œuvre en raison des acquis sociaux, des conventions collectives. Une punition n'étant pas concevable on peut envisager l'attribution de points négatifs qui annulent par exemple le capital temps résultant d'une assiduité parfaite. Une certaine franchise (une semaine d'arrêt de travail par exemple) pourrait être prévue pour atténuer la rigueur du dispositif. Une deuxième disposition, plus neutre, consisterait à instaurer, pour chacun, un compteur d'absences avec l'indication du nombre de jours d'absences durant les trois dernières années et l'évolution relative du phénomène. Essayez de trouver une troisième option.

La troisième variante, faire appel au bon sens, est loin d'être évidente. Pour-tant c'est sans doute la plus souhaitable.

On peut, par exemple, fixer un taux moyen d'absentéisme à ne pas dépasser dans l'année et en demandant à chacun de veiller à réduire le plus possible son absentéisme. Ce système a très bien fonctionné dans une grande société allemande : le taux de 6,5 % qui était l'objectif a été largement dépassé puisque l'on a atteint 5,4 %. Il en est résulté l'attribution d'une prime à tous les salaries. Cette solution est la plus recommandable. Elle fait appel à la responsabilité collective et, bien présentée et négociée avec les représentants du personnel, elle devrait pouvoir s'appliquer aussi en France.

Revenons sur la première option : rendre le travail plus attractif. Voilà un bon programme, difficile, mais particulièrement important. Des solutions peuvent être trouvées si l'on arrive à mobiliser le personnel dans des groupes de réflexion sur ce thème, si l'on écoute vraiment les doléances de ceux qui, par leur propre expérience, mettront le doigt sur ce qui ne va pas et peut être amélioré.

Ils compléteront notre arborescence de la figure 29 en faisant apparaître des cartouches de niveau 4 ou 5 contenant les options retenues.

Ce système des check-lists arborescentes peut être utilisé par les innoclubs. Chaque membre aura à sa disposition un jeu de check-lists vierges et, pour chaque problème, réfléchira, commencera à remplir les cartouches, « sèchera » sur le thème, avant de comparer son travail avec celui de deux ou trois collègues et, avec eux, de rédiger ensuite la check-list collective. Cet entraînement au travail en groupe est extrêmement enrichissant et doit être fortement recommandé.

À ce système assez traditionnel nous pouvons substituer l'emploi d'un logiciel adapté, le Mind Mapping qui est développé dans le paragraphe F présentant le remue-méninges. Le travail sera largement facilité et, de l'avis général, plus attractif.

D. Être tenace, ne pas lâcher le morceau

Le côté ludique, agréable, éventuellement primesautier, de la phase de création de l'idée nouvelle ne doit surtout pas faire oublier que tout n'est pas toujours rose.

> L'expérience prouve en effet qu'à la partie initiale, la plus aisée, de l'innovation, va succéder une série d'étapes apportant leur lot de difficultés et de déceptions.

Il importera donc d'être particulièrement tenace, opiniâtre, de se comporter en véritable militant de la cause à faire triompher. Les freins puissants que nous avons catalogués et examinés sont vraiment réels et nécessitent, pour être neutralisés, un acharnement constant.

C'est que là il ne s'agit plus de se contenter de remplir des check-lists !

Il faut obtenir des crédits, des moyens en effectif, c'est une autre paire de manches !

Être tenace ne veux pas dire être obtus : certains projets auxquels on croyait se montrent décidément irréalisables. Il conviendra alors de se montrer diplomate, suivant le principe du donnant-donnant ; proposer d'arrêter un tel projet et d'affecter les ressources correspondantes sur un autre que l'on a sous le coude.

Il est recommandé d'en avoir toujours plusieurs en réserve pour laisser un choix aux décideurs, aux bailleurs de fonds.

E. Savoir se faire plaisir

Dans *Les célibataires*, Henry de Montherlant édicte un principe intéressant qu'il illustre par le comportement fort sage de MONSIEUR LE BARON ÉLIE DE COËTQUIDAN, célibataire endurci et pas très appétissant, mais ayant un caractère sinon jouisseur, du moins hédoniste.

« Chaque fois qu'il avait une contrariété, le baron s'achetait quelque objet d'art qui lui faisait envie, afin que le plaisir qu'il se donnait ainsi jugulât sa mauvaise humeur. Il y a un art de ne pas souffrir et le baron y était passé maître. »

Ce principe, cette attitude de savoir-vivre peut être généralisée et même amplifiée, posée comme une véritable règle d'action. Il est tout à fait possible, même pour un homme d'action fort différent d'un oisif purement contemplatif comme MONSIEUR ÉLIE, d'avoir parmi ses objectifs personnels « se faire plaisir », maximiser la satisfaction que l'on peut tirer de chaque situation, donc de chaque étape de la créativité et de l'innovation, qui sont des activités très propices à la satisfaction.

De même que le jeune boy-scout doit faire sa bonne action quotidienne, sa BA, l'innovateur pourrait chercher et s'offrir chaque jour une petite joie spécifique. Excellent pour la santé ? Sans doute, c'est un régal, une thérapie contre la mélancolie, le pessimisme, le stress négatif ou les obsessions.

Attention toutefois, il ne faut pas tomber dans un égoisme excessif pouvant être nuisible aux groupes dans lesquels nous sommes intégrés : sa joie quotidienne, l'innovateur modèle essaiera de la rendre partageable, dans la mesure du possible. (Rappelons le cas DE JEAN-YVES, avec qui nous avons fait connaissance dans le chapitre 3 ; véritable boute-en-train dans son laboratoire, ayant comme devise non affichée : « Moi ? J'm'amuse ! », qui est un innovateur notoire, redoutable !).

Voici donc examinées les cinq consignes complémentaires recommandées pour réaliser l'innovation. Elles m'apparaissent majeures mais vous avez le loisir d'en trouver quelques autres, sans oublier que **le problème n'est pas de construire un catalogue exhaustif de règles d'action mais bien d'utiliser celles qui vous sont proposées.**

Cette fois l'innoclub, la bande à CHARLES, est prête à se lancer dans le remue-méninges, le « brainstorming ».

F. Le remue-méninges

L'innoclub, à partir d'un thème qui lui a été donné, va se mettre à cogiter sans aucune retenue. Charles a tout à fait raison de décider que l'ensemble des débats sera enregistré sur son micro-magnétophone numérique ; tout le monde est d'accord sur ce point.

D'abord une discussion générale va s'engager, au cours de laquelle chacun va s'exprimer à tour de rôle pour cerner le problème, faire apparaître les écueils, les difficultés, les points apparemment critiques.

Ensuite peuvent commencer à émerger des embryons d'idée, des ébauches de solutions sont envisagées et proposées. La discussion devient de plus en plus animée et ça risque de devenir un peu trop folklorique.

Il est alors temps de passer à une phase graphique et d'utiliser les outils les plus adaptés à ce travail

L'aide du mind mapping

Nous avons fait la connaissance dans le chapitre précédent d' Orpheus, inté-ressant outil d'aide à la créativité. Un second outil situé en amont va être très utile à l'innoclub, notamment pour faire du développement tous azimuts et bien sûr pour présenter, sous forme de cartographie, les résultats du remue-méninges.

Le Mind Mapping, cartographie des idées

Le Mind Mapping se propose de représenter graphiquement une série d'idées et leurs relations. Mindmapping® est une marque déposée et le terme français Carte heuristique est son équivalent, comme le rappellent J.-L. DELADRIÈRE, F. LE BIHAN, P. MONGIN, D. REBAUD dans la référence (7) *Organisez vos idées avec le Mind Mapping*, Dunod, 2004. Ils notent qu'heuristique vient du grec « heuristiké techné », « art de découvrir » et que c'est TONY BUZAN qui, dans les années 1970, a modélisé et rendu populaire la carte heuristique ou mind mapping.

Le Mind Mapping est **fort utile dans le processus de créativité, tant pour faire naître des idées nouvelles que pour les trier, les organiser, les relier entre elles.** Ces quatre points caractéristiques du Mind Mapping apparaissent sur la figure 30 et montrent clairement ce qu'il peut apporter.

FIGURE 30

Le MIND MAPPING, cartographie des idées

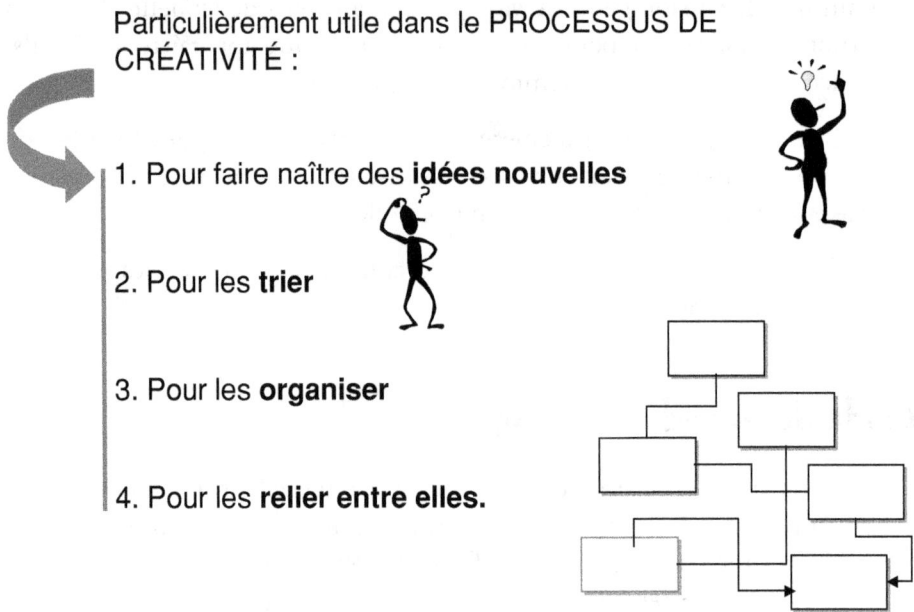

Particulièrement utile dans le PROCESSUS DE CRÉATIVITÉ :

1. Pour faire naître des **idées nouvelles**

2. Pour les **trier**

3. Pour les **organiser**

4. Pour les **relier entre elles.**

Il existe un certain nombre de logiciels de mind mapping comme MindGenius, MindManager ou Concept Draw Mind Map.

C'est ce dernier que nous avons personnellement choisi. Il est produit par la société ukrainienne Computer Systems Odessa Corporation (www.cs-odessa.com.ua), il est peu onéreux et d'une utilisation assez aisée. Nous avons testé et utilisons fréquemment la version professionnelle de ConceptDraw MINDMAP, version qui permet les liens avec Power Point, ce qui est fort utile lorsqu'on est amené à présenter fréquemment des diaporamas animés : les mindmaps créés dans le système sont très aisément exportés et transformés en figures Power Point que l'on peut animer, illustrer et, le cas échéant, diffuser, car Power Point est un logiciel très répandu.

Dans ConceptDraw MindMap, les idées principales irradient à partir d'un thème central et chacune des branches devient elle-même le centre d'un nouveau rayonnement d'idées.

Pour bâtir ce graphe arborescent on a diverses possibilités :

1. créer directement une mind map ;

2. créer une mind map avec l'aide d'un assistant ;

3. créer une mind map fondée sur un modèle ;

4. rédiger un document (liste ordonnée) en mode remue-méninges.

🖉 Exemple simple sur l'absentéisme

Nous allons tout simplement reprendre l'exemple de la réduction de l'absentéisme présenté de façon tradition-nelle, avec les check-lists arborescentes dans un para-graphe précédent.

L'innoclub peut utiliser la création de la Mind Map **avec l'aide de l'assistant** et, sans difficulté fera éditer le graphe de la figure 31, équivalent à la check-list arbo-rescente mais beaucoup plus facile à réaliser et surtout à modifier, par addition automatique de branches et sous-branches. CHARLES s'installe devant son micro et projette en direct, avec un vidéo projecteur les étapes successives suggérées par les membres du groupe. Il passe ensuite les commandes à un autre membre du groupe pour poursuivre.

Il est aussi possible d'utiliser le logiciel Concept Draw en mode remue-méninges.

À partir de l'idée centrale « Réduire l'absentéisme » nous introduisons, en mode remue-méninges la liste résultant de la réflexion commune, sur ce thème, de l'innoclub :

RÉDUIRE L'ABSENTÉISME
    OPTION CAROTTE
        Prime d'assiduité

Octroi capital temps
Création groupe de réflexion
OPTION BÂTON
Points négatifs sur capital temps
Définition franchise
Pas de franchise
Calcul des points négatifs
Instauration compteur d'absence
Autre option
OPTION NÉGOCIATION
Création groupe assiduité
Choix du taux maximal
Prime si taux mini atteint

En cliquant sur l'option : dessiner la Mind Map, on obtient immédiatement la même version du graphe, que montre la figure 31 ci-dessous, copie d'écran du résultat de l'instruction choisie.

Ce graphe est équivalent à la check-list arborescente de la figure 29 mais il est beaucoup plus facile à amender, modifier, compléter. Les modifications (types de caractères, couleurs, nouvelles branches…) sont réalisées sur la version Concept Draw **qui peut ensuite être exportée sur Power Point dans laquelle d'autres modifications sont encore possibles**.

Le Mind Mapping présente de nombreux avantages et l'éventail de ses applications possibles dépasse largement le seul problème de la créativité ; il est évident que c'est également un outil puissant pour la préparation d'exposés pédagogiques.

FIGURE 31

MINDMAP « Réduire l'absentéisme »

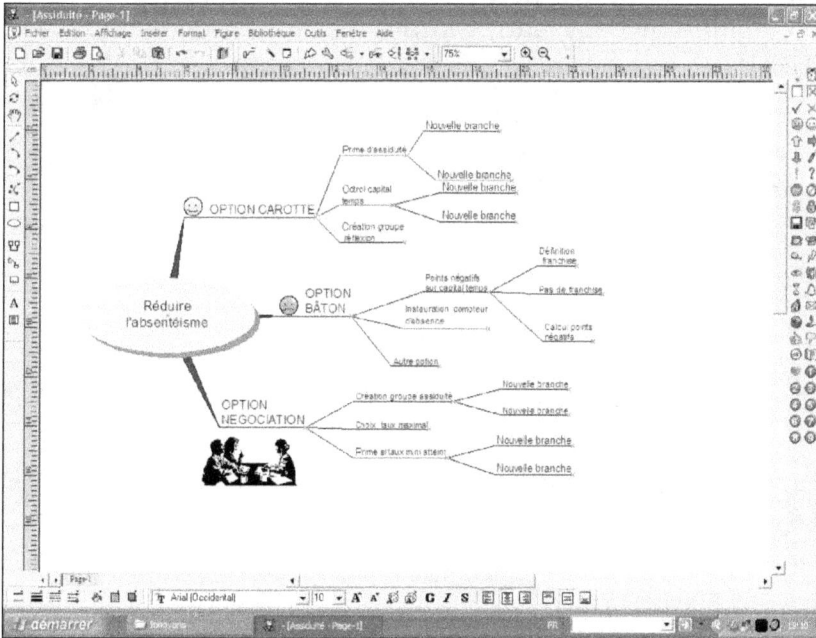

Extension de l'innoclub initial

L'innoclub que nous avons constitué, auquel nous avons donné des préceptes de base, indiqué deux outils d'aide à la créativité peut fonctionner pour défricher un problème technique dans le domaine d'activité de ses membres. **Insistons sur le fait qu'il doit largement utiliser, comme nous l'avons déjà indiqué sur la figure 25 :**

– **des contacts synchrones ou asynchrones avec tel ou tel spécialiste** mentionné au cours de la discussion ce qui permet d'étendre la compétence de l'innoclub,

– **des consultations en ligne, en cours de réunion, de la base de connaissances générale,** du webmaster qui en est responsable et des bases spécifiques correspondant aux sujets de travail de l' innoclub.

L'innoclub peut être ensuite amené, lorsque le « dégrossissage » est terminé et qu'il faut faire ressortir des propositions de solutions précises prêtes à être

153

testées, à élargir son effectif à un ou plusieurs experts pointus du domaine correspondant à l'innovation proposée.

C'est cet innoclub élargi qui sera le plus à même de passer à **cette phase finale en utilisant deux autres outils d'aide à la décision : TRIZ et TAGUCHI** que nous allons présenter succinctement.

OUTILS D'AIDE À LA CRÉATIVITÉ

- *Technologies et méthodes de conception*
- *TRIZ, Théorie de Résolution des Problèmes d'Inventivité.*
- *La méthode TAGUCHI*
- *Les liens entre les méthodes TRIZ ET TAGUCHI*
- *La conjonction QFD-TRIZ-TAGUCHI*

Technologies et méthodes de conception

Le cinquième principe de notre théorie des ingrédients stipule qu'il faut utiliser des outils d'aide à la créativité pour favoriser les différentes phases du processus.

© Éditions d'Organisation

C'est ce point que nous allons présenter, car si nous avons déjà vu ORPHEUS et MINDMAPPING, d'autres outils sont à recommander pour des utilisations pratiques en particulier dans la phase finale de la créativité.

L'étude *Technologies Clés 2005* du secrétariat d'État à l'Industrie, publiée fin 2000 (4) nous rappelle qu'à côté des technologies clés matérielles, manufacturières, se développent de plus en plus des technologies clés immatérielles qu'elle nomme technologies de méthodes et d'organisation.

Comme nous l'avons déjà vu, le premier type de technologies clés résulte d'innovations matérielles, le second type provient d'innovations de structures, de méthodes, d'organisation.

Dans le huitième domaine d'activité : « Technologies et méthodes de conception – Gestion – Production », la technologie clé N°111 « Outils d'aide à la créativité », nous notons deux phrases introductives correspondant exactement à notre conception de la créativité et de l'innovation :

> « La créativité recouvre l'activité d'invention et de génération d'idées (dont certaines déboucheront sur des innovations). L'innovation, qui constitue un élément clé du succès des entreprises, passe inévitablement par une étape de créativité. »

L'étude pose de façon rationnelle le problème à étudier puis à résoudre :

« Il reste à inventer des façons de recombiner les multiples sources d'information et les différents ingrédients élémentaires disponibles pour effectivement développer des outils qui stimulent la créativité des individus, des groupes et des organisations. »

C'est tout à fait dans cet esprit que nous nous proposons d'apporter notre contribution à ce problème essentiel, en étant d'autant plus motivé que la position de la France, comme celle de l'Europe, sont, sur ce point, faibles aussi bien sur le plan scientifique et technique que sur le plan industriel et commercial.

Comme le montre la figure 32, les outils d'aide à la créativité concernent trois types d'actions :

la conception ou le développement de produits ou de services nouveaux : nous verrons que TRIZ constitue un exemple d'outil adapté, de même que TAGUCHI ;

l'émergence et la mise en application d'idées nouvelles : TAGUCHI, destiné à l'innovation de développement et de production répond bien à ce type de problème ;

la création de nouveaux types d'organisation : ORPHEUS est un exemple original et intéressant d'outil adapté, comme nous l'avons déjà montré.

FIGURE 32
Les outils d'aide à la créativité concernent trois types d'actions

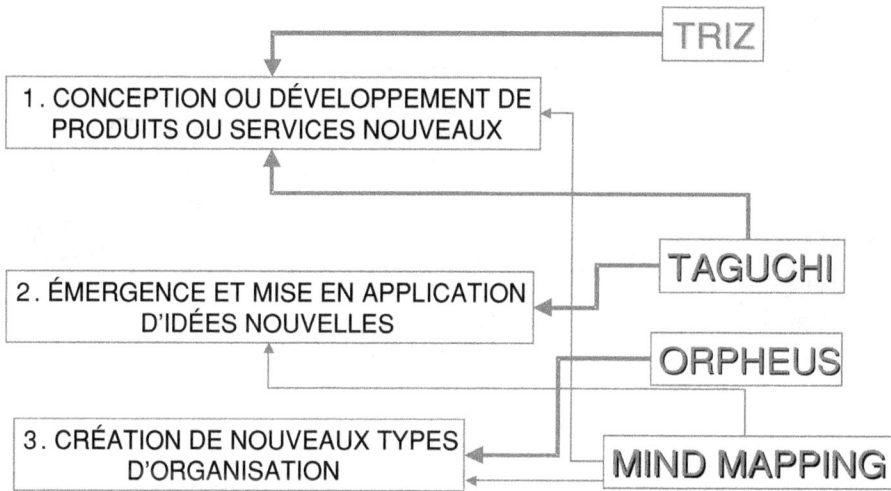

D'après *Technologies clés 2005*(1)

La figure 33 résume le pourquoi, le rôle de chacun des quatre outils que l'innoclub doit savoir utiliser, ceux que nous avons présenté dans de précédents chapitres : MIND MAPPING et ORPHEUS s'ajoutant à TRIZ et TAGUCHI.

FIGURE 33

Aide à la créativité : quelques outils

TRIZ Outil rationnel, analyse le phénomène créatif à partir des descriptions d'inventions d'un très grand nombre de brevets

TAGUCHI Outil situé plus en aval
Plus particulièrement destiné à l'innovation appliquée au développement et à la production

ORPHEUS Outil original utilisant la métaphore musicale, l'orchestre, propose ⟶ des améliorations basées sur le comportement humain et son développement harmonieux

MIND MAPPING
Outil très en amont
Permet ⟶ l'inventaire sémantique d'une idée de base, d'un problème, pour en appréhender tous les aspects

TRIZ, Théorie de Résolution des Problèmes d'Inventivité.

TRIZ est le sigle correspondant à l'intitulé russe Teorija Rezolioutsii Izobretatel'stichih Zadatch que l'on traduit en français par Théorie de Résolution des Problèmes d'Inventivité (TRPI) et en anglais par Theory of Inventive Problem Solving (TIPS). (Notons que *le Robert* indique que l'inventivité est la capacité d'inventer, d'innover et constitue un synonyme de créativité).

Cette théorie a été créée en 1946, puis développée dans les années suivantes, par l'inventeur russe GENRIKH ALTSHULLER. Fort intéressante, elle se propose de dégager, à partir de l'analyse d'un très grand nombre de brevets, des règles d'aide à l'innovation, à la créativité.

TRIZ part du principe suivant : **un problème inventif peut se rapporter à un autre problème similaire résolu dans un autre contexte** (6). C'est un

© Éditions d'Organisation

système qui peut s'appliquer à des niveaux de domaines de connaissances différents, correspondant aux couches concentriques successives suivantes, où chacune est une extension de la précédente :

— les connaissances techniques propre du spécialiste,
— les connaissances techniques de l'équipe de ce spécialiste,
— les connaissances techniques des sociétés concurrentes,
— les connaissances techniques de sociétés situées hors du domaine de compétence,
— les connaissances scientifiques, académiques, universitaires…

Dans ce travail de titan, réalisé par ALTSHULLER, nous sommes très loin de l'approche intuitive de la créativité et de l'innovation : 400 000 textes de brevets ont été initialement analysés dont le dixième environ, soit 40 000, représentaient des évolutions majeures.

Quarante principes de base ont été identifiés par ALTSCHULLER comme ayant été utilisés par les inventeurs de ces 40 000 brevets.

Ensuite ALTSHULLER, par une analyse plus poussée, dénombra **39 paramètres de conception** susceptibles d'être en conflit lors de la réalisation pratique de l'idée de base du brevet.

Liste des 40 principes TRIZ

1. Segmentation
2. Extraction
3. Qualité locale
4. Asymétrie
5. Combinaison
6. Universalité
7. Placement interne
8. Contrepoids
9. Action inverse antérieure
10. Action préliminaire
11. Compensation
12. Équipotentialité
13. Inversion
14. Sphéricité
15. Degré de dynamisme
16. Surplus ou réduction
17. Changement de dimension

18. Oscillation

19. Action périodique

20. Action d'utilité

21. Aléatoire

22. Transformation d'un plus en moins

23. Asservissement

24. Insertion

25. Self-service

26. Copie

27. Éphémère et économique

28. Reconception

29. Système hydraulique

30. Membrane flexible

31. Porosité du matériau

32. Changement de couleur

33. Homogénéité

34. Rejet et régénération

35. Changement de produit

36. Utilisation des changements de phase

37. Expansion thermique

38. Oxydation

39. Environnement d'insertion

40. Matériau composite.

(L'ingénieur chimiste que j'ai été est un peu frustré de ne pas voir apparaître « réduction » -dans son acception chimique– alors qu'oxydation est retenue).

Liste des 39 paramètres de conception TRIZ

1. Masse d'un objet mobile

2. Masse d'un objet immobile

3. Longueur d'un objet mobile

4. Longueur d'un objet immobile

5. Surface d'un objet mobile

6. Surface d'un objet immobile

7. Volume d'un objet mobile

8. Volume d'un objet immobile

9. Vitesse

10. Force

11. Tension, pression

12. Forme
13. Stabilité de l'objet
14. Résistance
15. Longévité d'un objet mobile
16. Longévité d'un objet immobile
17. Température
18. Brillance
19. Énergie dépensée par l'objet mobile
20. Énergie dépensée par l'objet immobile
21. Puissance
22. Gaspillage d'énergie
23. Gaspillage de substance
24. Perte d'information
25. Perte de temps
26. Quantité de substance
27. Fidélité
28. Précision de la mesure
29. Précision de l'usinage
30. Facteurs nuisibles agissant sur l'objet
31. Facteurs nuisibles annexes
32. Usinabilité
33. Facilité d'utilisation
34. Aptitude à la réparation
35. Adaptabilité
36. Complexité de l'appareil
37. Complexité de contrôle
38. Degré d'automatisation
39. Productivité.

Matrice de résolution des conflits technologiques (ALTSHULLER, 1988)

C'est une matrice carrée de 39x39 correspondant aux 39 paramètres de conception TRIZ et, à chaque intersection de 2 paramètres de conception sont indiqués les principes concernés. (Vous pouvez la consulter sur le site www.mazur.net/triz/ (9) en cliquant sur « separate sheet » dans l'article de base, là où est évoquée la table 4).

Comme l'indique DENIS CAVALLUCCI, (8) le fonctionnement de la matrice consiste à modéliser le problème en exposant **ce qu'il faut améliorer (en ordonnée)** et **ce qui bloque l'évolution (en abscisse)**, en somme l'objectif visé et le ou les freins. On arrive ainsi à la détection d'un ou plusieurs principes d'innovation donnant des pistes de recherche de solutions.

FIGURE 34
Triz
Matrice de résolution des conflits technologiques

EXEMPLE			
	1 MASSE d'UN OBJET MOBILE	2 MASSE d'UN OBJET IMMOBILE	39 PRODUCTIVITÉ
1.MASSE d'UN OBJET MOBILE			35. 3. 24. 37
2. MASSE d'UN OBJET IMMOBILE			1.28.15. 35
39 . PRODUCTIVITÉ	35. 3. 24. 37		

D'après Mazur : www.mazur.net/triz/contradi.htm

Dans un cas pratique développé dans le même article, à l'intersection 2/39, masse d'un objet immobile et productivité, sont portés les principes concernés : 1,28,15,35 : segmentation, reconception, degré de dynamisme, changement de produit.

Dans l'article de MAZUR (9) un exemple relatif à l'amélioration des boîtes de boisson montre que le paramètre de conception à utiliser, pour réduire l'épaisseur de la paroi est le 4 : longueur d'un objet immobile. Le paramètre en conflit est le 11 : tension, pression. Plus on réduit l'épaisseur, plus le paramètre « tension, pression » devient mauvais. En examinant la table des contradictions créée par ALTSHULLER, on trouve les 4 principes 1,14 et 35 :

– segmentation : transformer la paroi lisse en paroi crénelée en vagues
– sphéricité : remplacer les formes linéaires par des formes sphériques
– changement de produit : utiliser un métal plus robuste.

Pour bien approfondir le principe, connaître les derniers logiciels, nous recommandons de consulter la référence 9 : www.mazur.net/triz/ et de comprendre ce qu'elle présente.

Nous citerons en particulier l'algorithme ARIZ :

ARIZ (Algorithm for Inventive Problem Solving)

L'algorithme ARIZ est présenté, aux États-Unis comme étant :

A systematic procedure for identifying solutions without apparent contradictions. Depending on the nature of the problem, anywhere from five to sixty steps may be involved. From an unclear technical problem, the underlying technical problem can be revealed. It can be used with levels two, three, and four problems.

Basic steps include :

1. *Formulate the problem.*

2. *Transform the problem into a model*

3. *Analyze the model*

4. *Resolve physical contradictions*

5. *Formulate ideal solution*

Des variantes de cet algorithme peuvent être trouvées sur Internet. Ainsi la référence (6) considère qu'il y a sept étapes successives :

Identifier le problème innovant

Modéliser le problème innovant

Rechercher les voies de solution

Évaluer et sélectionner les voies de solution

Concrétiser les voies de solution en solution spécifique

Évaluer les solutions spécifiques

Implanter la solution spécifique.

C'est dans l'étape 3, « **Rechercher les voies de solutions** », que **la matrice des contradictions** est utilisée pour expliciter les contradictions et dégager des principes de résolution de problèmes déjà utilisée dans des problèmes similaires. La référence (6) recommande l'emploi de l'outil S-Field (ou Substance champs) qui permet de passer du problème spécifique à une catégorie de problèmes abstraits et de modéliser la zone du problème.

Pour les étapes 4,5 et 6 il faut reconnaître que TRIZ ne propose pas d'outil de sélection et d'évaluation.

Pour l'étape 5, « Concrétiser les voies de solution en solution spécifique », il est clair qu'il faut revenir au remue-méninges (brainstorming), où l'innoclub doit se montrer à l'aise.

Pour l'étape 6 la référence (6) propose d'utiliser l'analyse fonctionnelle ou les méthodes de simulation.

Exemple

Un exemple fort simple d'utilisation de l'approche TRIZ est cité dans la référence (6) décidément fort riche. Il concerne trois cas similaires :

1. Problème : Une pomme de terre peut pourrir à cause des bactéries qu'elle contient naturellement à la surface. La chaleur tue les bactéries ; cependant trop de chaleur va cuire l'intérieur de la pomme de terre.

Solution : Les pommes de terre sont exposées pendant un court moment (quelques secondes) à une flamme de 500 à 800 °C. Ceci tue les bactéries sans affecter l'intérieur de la pomme de terre.

2. Problème : Il faut un effort de coupe suffisant pour pouvoir découper des tubes en plastique mais un effort de coupe trop grand va déformer les tubes

Solution : Une découpe à grande vitesse permet de ne pas déformer la pièce lors de l'usinage.

3. Problème : Pour stériliser le lait, il faut chauffer fort mais pour préserver les principes actifs, il ne faut pas chauffer trop fort.

Solution : Une impulsion à haute température permet de stériliser tout en gardant les principes actifs.

Il faut noter que « les trois voies de solution présentent la même caractéristique : une action à forte intensité (grande vitesse, haute température) ». (Cela est analogue au phénomène de trempe des alliages).

Les trois problèmes peuvent se modéliser par un conflit similaire : l'action envisagée pour résoudre le problème technique (bactéries à éliminer, découpe à effectuer, stérilisation du lait) dégrade le produit.

Nous retiendrons ce point essentiel : « La démarche TRIZ s'appuie sur le fait que **le problème spécifique sera modélisé par un problème générique pour lequel on connaît des voies de solution**. » (6).

Aller plus loin avec TRIZ

Un certain nombre d'écoles d'ingénieurs développent en France l'utilisation poussée de TRIZ. C'est, en particulier, le cas d'Écoles Nationales Supérieures des Arts et Métiers (ENSAM), comme celle d'Angers et d'Instituts Nationaux des Sciences Appliquées (INSA), comme celui de Strasbourg.

Il existe donc maintenant en France des spécialistes pointus de TRIZ et il conviendra de faire appel à eux pour une utilisation professionnelle de la méthode dont nous n'avons présenté que les caractéristiques essentielles dans le but de créer un appétit pour elle, une soif d'en savoir plus, de l'utiliser pour faire jaillir la créativité.

La méthode TAGUCHI

L'action innovante de G. TAGUCHI **se situe plus en aval que celle de la méthode TRIZ** mais, bien qu'elle concerne beaucoup plus le développement et la production que la créativité, il est nécessaire de la prendre en compte et les membres de l'innoclub doivent en connaître les points essentiels.

Le docteur GENICHI TAGUCHI est, depuis plus de trente ans, un spécialiste japonais de « quality engineering » qui, par de nombreux aspects, touche à l'innovation, au développement de produits. Il est le concepteur du « Robust Engineering ».

C'est une méthode d'expérimentation tournée vers les applications industrielles, vers les produits et les procédés de production afin de les améliorer et de les rendre insensibles aux influences extérieures, en visant une amélioration sensible de la qualité et des coûts.

Cette méthode pragmatique va employer l'expérimentation à échelle réduite pour déterminer les mesures de réduction des variations et pour découvrir des conceptions robustes, fiables, sûres, économiques pour la production en série.

La méthode TAGUCHI se fixe **cinq objectifs :**

— Fournir une **stratégie de résolution de problèmes multiples et interconnectés ;**
— Proposer une démarche permettant une **meilleure compréhension des processus et des produits ;**
— Créer une forme plus efficace d'expérimentation pour la **résolution de problèmes industriels en attribuant au coût une importance clé ;**
— Utiliser des techniques de **prise rationnelle de décisions** permettant une meilleure assignation des ressources en ingénierie ;
— Fournir une technique d'**optimisation des processus de fabrication.**

L'objectif 3 montre bien l'intérêt commercial et économique de la méthode et sa situation très en aval, proche du marché.

Les objectifs 4 et 5 prouvent ses **liens directs avec l'ingénierie et c'est ce qui conduit à étudier les conjonctions possibles entre TRIZ et TAGUCHI.**

Les plans d'expériences TAGUCHI

Un des mérites de GENICHI TAGUCHI est d'avoir utilisé, parmi ses outils, les plans TAGUCHI, nouveaux types de plans d'expériences qu'il a créés et qui méritent quelques explications.

Les spécialistes de la R & D connaissent bien les plans d'expériences, remarquables outils dus au chercheur britannique RONALD A. FISCHER, au début du XXe siècle.

FISCHER a proposé, d'utiliser dans le cas d'une série d'expériences à conduire, une approche novatrice totalement opposée au principe, encore très largement utilisé dans les laboratoires, de ne faire varier qu'un facteur à la fois. Lui, fait varier simultanément plusieurs facteurs, voire tous les facteurs ; dans ces expérimentations multifactorielles, les résultats sont traités à l'aide de régressions multiples et d'analyse de la variance, ce qui demande des calculs vraiment complexes et, donc, pratiquement réservés à des spécialistes pointus. Comme le souligne PIERRE SOUVAY (10), TAGUCHI a exploité les théories des plans d'expériences de FISCHER en les rendant plus accessibles et en les améliorant.

© Éditions d'Organisation

Les trois points essentiels de l'amélioration sont (10) :

l'usage de graphes linéaires permettant une étude simplifiée des interactions ;

la notion de robustesse, illustrée par l'usage de plans produits et du ratio signal sur bruit ;

la fonction perte de qualité qui met en évidence le coût, pour l'entreprise, des écarts par rapport à la cible et des dispersions de production.

Les lecteurs intéressés par la mise en application effective des plans TAGUCHI pourront d'abord s'initier avec le mémento AFNOR (10) d'une cinquantaine de pages et, le cas échéant, aller plus loin avec le livre de MAURICE PILLET (11).

Les liens entre les méthodes TRIZ et TAGUCHI

Parmi les publications concernant ce problème, nous noterons en premier lieu, comme nous l'avons fait dans notre précédent ouvrage (1), la très intéressante présentation de JOHN TERNINKO au cours du 9th Symposium Quality Function Deployment, June 10, 1997 (12).

Dans cette étude, les méthodes TRIZ et TAGUCHI sont considérées comme des outils puissants de qualité (« powerful quality tools ») au sens large, mais plus précisément des outils de QFD (Quality Function Deployment).

Doit-on s'étonner de nous voir mêler créativité et qualité ? Non. La créativité vise l'innovation (introduction effective, dans le circuit économique de ce qu'on a inventé ou découvert et qui constitue un progrès) et l'innovation est très souvent une amélioration de procédé, de produit, d'application.

Dans cet objectif d'innovation, la méthode TAGUCHI va plus loin que la méthode TRIZ et la complète. C'est pourquoi JOHN TERNINKO peut écrire (12) comme nous le montrons dans la figure 35 :

« The TRIZ methodology provides only the concepts of a design, not the design details, TAGUCHI's methodology determine the design specifications for a product to be insensitive to uncontrolled influence. »

FIGURE 35

Un couplage TRIZ-TAGUCHI ? Pourquoi pas ?

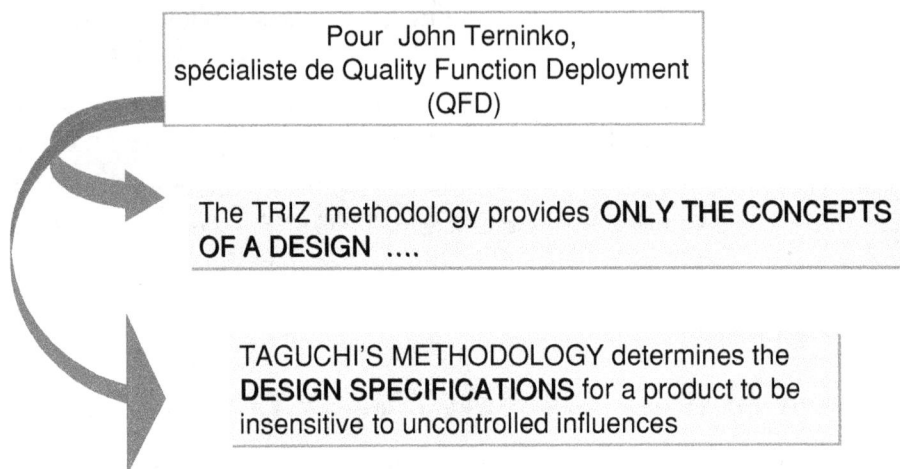

Pour John Terninko,
spécialiste de Quality Function Deployment
(QFD)

The TRIZ methodology provides **ONLY THE CONCEPTS OF A DESIGN** ....

TAGUCHI'S METHODOLOGY determines the **DESIGN SPECIFICATIONS** for a product to be insensitive to uncontrolled influences

Voir http://www.mv.com/ipusers/rm/qfdtriz4.htm

La conjonction QFD-TRIZ-TAGUCHI

Toujours selon J. TERNINKO, les trois méthodes QFD, TRIZ, TAGUCHI constituent ensemble un puzzle de trois pièces couvrant l'ensemble de la figure planaire représentative d'un processus de design.

Chacune des méthodes apporte sa spécificité et corrige les insuffisances des autres ; il y a synergie entre les trois techniques :

- QFD ne couvre pas le « bottleneck engineering » (bottleneck = goulet ou goulot d'étranglement) et l'optimisation ;
- TRIZ, par la génération de concepts, va permettre de résoudre le « bottleneck engineering » mais est faible, voire inexistant, dans le domaine des exigences des consommateurs et dans l'optimisation ;
- QFD apporte la prise en compte des consommateurs et TAGUCHI fournit le procédé pour déterminer les meilleures valeurs des paramètres essentiels.

Pour bien faire comprendre l'apport de chaque technique il est intéressant de reprendre le modèle en 4 phases présenté par J. TERNINKO qui montre, à chaque étape, les apports respectifs de TRIZ et de TAGUCHI. (1)

Étape 1 : Identification des segments de clientèle :

– Choix des critères de sélection pour classer les segments,
  - Classement des segments.

TRIZ permet une approche plus offensive grâce aux possibilités offertes par les « *technical lines of evolution* ».

Étape 2 : Comprendre les besoins des clients concernant :

La qualité,

Les fonctions,

Les problèmes de fiabilité,

Les solutions,

Les mesures de sécurité,

Les risques de pannes, de défauts.

Pour ces divers points, TRIZ et TAGUCHI sont utilisables.

Étape 3 : Génération de concepts

Les « valeurs cibles » à introduire dans l'analyse sont :

Les mesures de performance,

Les priorités,

Les conflits,

La fiabilité,

La faisabilité,

Le coût,

L'impact environnemental.

TRIZ proposera de nombreuses alternatives à partir des mesures de performances, pourra identifier les « possibilités de concevoir dès aujourd'hui le produit de demain ».

TAGUCHI déterminera, pour chaque concept considéré, les meilleures valeurs de design pour garantir la robustesse.

Etape 4 : Création d'une base de connaissances des procédés de fabrication de l'entreprise.

Cette opération peut être considérablement améliorée par l'utilisation de TRIZ et TAGUCHI.

La figure 36 schématise les apports respectifs de QFD, TRIZ et TAGUCHI dans le modèle en quatre phases proposé.

FIGURE 36
Conjonction QFD-TRIZ-TAGUCHI

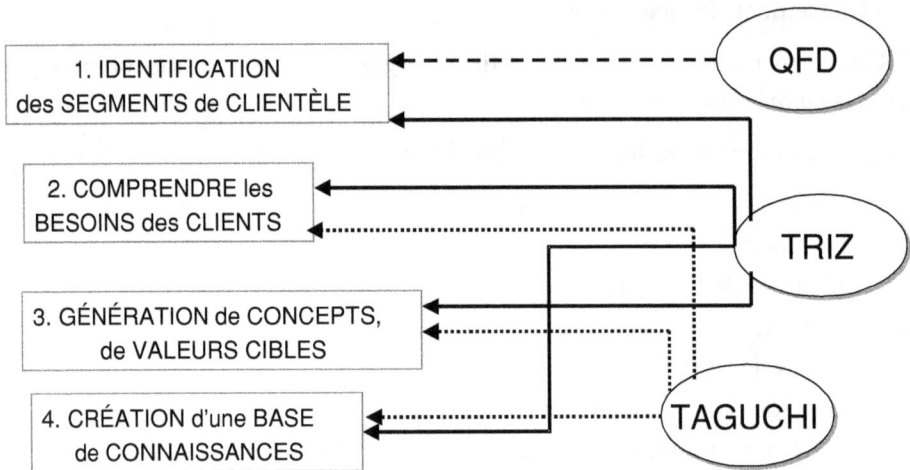

Voir http://www.mv;com/ipusers/rm/qfdtriz4.htm

De l'innoclub au projet innovant

Si l'innoclub a bien fait son travail, il en émane des projets d'innovation, après élimination, par un comité de sélection, des idées jugées peu intéressantes. Commence alors la troisième étape que nous avons présentée dès le chapitre 1, dans le paragraphe : « Le projet innovation : faisabilité et propriété industrielle. »

Cette troisième étape se caractérise par une rigueur méthodique qui n'a pas cours dans la première phase : c'est **le cartésianisme obligatoire du passage à l'acte, indispensable pour passer de l'idée nouvelle à la réalisation pratique.**

Les INNOCLUBS doivent le savoir, doivent s'y préparer et méditer sur les points qui ont été développés dans le chapitre 1 et que nous complétons par un certain nombre de précisions.

Il est indispensable d'effectuer, en parallèle, nous l'avons schématisé sur la figure 5, une étude de faisabilité et une étude relative à la propriété industrielle. Cette dernière doit être rapidement menée car il serait absurde de se lancer dans des études scientifiques et techniques coûteuses si le terrain n'est pas libre et donc l'application impossible.

Investigation des idées

Si nous faisons une synthèse de notre approche et de celle de l'étude DIGITIP (13) de THOMAS DURAND et de son équipe, nous aurons les phases suivantes :

Analyse de la cohérence de l'idée avec la stratégie de l'entreprise. Si, à ce niveau l'analyse est positive, nous passerons à la phase suivante.

Analyse de la propriété industrielle et analyse de la faisabilité technique. Si ces deux examens s'avèrent positifs, nous passons à la phase suivante.

Analyse détaillée des composantes du projet : marché, technique, concurrence, finance. Si cette analyse est également positive, la phase suivante est amorcée.

Phase de développement, de mise en œuvre effective du projet d'innovation retenu.

Opérations de base du projet innovant formalisé

Nous recommandons vivement la lecture et surtout l'utilisation pratique de la fiche 9 de l'étude DIGITIP « Mieux piloter ses projets innovants » (13) dont nous ferons une synthèse personnalisée des quatre dernières pages, synthèse que nous avons déjà présentée dans la référence (1).

D'après ce document il y a sept actions majeures :

— Explicitation écrite des objectifs.

— Nomination d'un chef de projet compétent, capable de porter ce projet.

— Création d'une équipe dédiée.

— Choix d'un nom de projet.

— Élaboration d'un calendrier détaillé.

— Prédéfinition des livrables : qu'est-ce qui doit sortir du projet ? pour qui ? quand ? comment ?

— Nomination d'un client-sponsor interne (un parrain) d'un haut niveau hiérarchique.

Compétences du chef de projet

Cette personne doit être solide, doit avoir un comportement très professionnel. Elle devra avoir les compétences suivantes :

– Maîtrise de la méthodologie de gestion de projet.

– Maîtrise des principales techniques mises en œuvre dans le projet.

– Capacité marketing pour bien orienter le projet vers le marché.

– Capacité à organiser la convergence des expertises liées au projet.

Ce dernier point montre que le chef de projet doit être un meneur d'hommes ayant des aptitudes pour diriger le travail en groupes.

L'équipe projet

L'équipe dédiée, l'équipe projet, sera constituée d'experts de divers domaines.

Elle devra réunir toutes les compétences clés du projet : scientifiques, techniques, commerciales, marketing, financières.

Ainsi l'ensemble de l'équipe, grâce aux compétences propres de ses membres sera capable de comprendre toutes les spécificités du projet, les contextes spécifiques, le sens des actions, le choix des priorités.

Les facteurs clés de succès

Nous retrouvons, à peu de chose près, les « facteurs critiques de succès » du projet de mise en place de la veille stratégique que nous préconisons dans nos modules SYMEXIP :

L'enthousiasme et la ténacité sont indispensables (en plus de la compétence).

Le projet doit avoir un nom évocateur, un nom simple mais percutant : voici un bon petit sujet de remue-méninges pour l'équipe projet, dès sa constitution.

La désignation d'un parrain est indispensable. Puissant et motivé, il doit être un proche de la direction générale. Voici une nouvelle analogie avec la mise en place de la veille stratégique ; nous l'avons toujours souligné un parrain de très haut niveau hiérarchique est nécessaire.

Le budget alloué au projet doit être suffisant.

Outils informatiques

Les qualités professionnelles, la compétence du chef de projet, celles des membres de l'équipe projet sont déterminantes. Il doit s'y ajouter, nous l'avons souligné, l'enthousiasme et l'opiniâtreté car tout projet innovant important dérange et il faut vraiment y croire pour le faire aboutir.

Il est possible de concevoir de travailler sans outil informatique si, par exemple, le volume d'informations à collecter, diffuser, stocker n'est pas trop considérable.

À notre avis il est cependant indispensable d'utiliser l'Intranet de l'entreprise pour faciliter le contact entre les membres du groupe, le chef de projet, le parrain. Le principe est analogue à celui présenté pour un fonctionnement optimisé des innoclubs en employant une structure d'accueil adaptée présentée dans la figure 25.

Nous recommandons aussi l'utilisation d'un logiciel de gestion de projet comme Microsoft Project. La dernière édition disponible depuis 2003 propose de nouveaux outils et est plus intégrée dans Office ce qui facilite l'utilisation du logiciel et le pilotage de projets. Il existe 3 versions plus ou moins sophistiquées de 600 à 1700 €. (Comme nous l'avons signalé, il est possible de télécharger, sur Internet, des logiciels de gestion de projet, sans doute moins puissants, mais qui peuvent convenir dans un certain nombre d'études).

L'expérience nous suggère aussi de recommander des logiciels de « mapping » ou de « brainstorming » dont ConceptDraw Mindmap, bien connu de l'inno-club car il est très utile pour le remue-méninges dans les réunions de groupes, comme nous l'avons vu plus haut.

10

INNOVATIONS ORGANISATIONNELLES ET INNOVATIONS SOCIÉTALES

- *Innovations organisationnelles*
- *Innovations sociétales*

Les innovations organisationnelles

Il est clair que les pays les plus évolués n'ont pas encore assez travaillé dans ce domaine et que l'organisation est un secteur où d'énormes changements devraient pouvoir intervenir. Le ministère de l'Industrie dans son recensement des technologies importantes à l'horizon 2000 avait déjà détecté, en 1995, quatorze « technologies organisationnelles et d'accompagnement » ce qui montre qu'il accordait une certaine importance à ces problèmes.

En attendant la sortie de *Technologies clés 2010*, actuellement en chantier, nous disposons de l'étude du secrétariat d'État à l'Industrie, *Technologies clés 2005* (4), publiée fin 2000, que nous avons déjà largement mentionnée et qui insiste dans ses recommandations sur une nécessité fondamentale :

« **Réaffirmer l'importance des technologies organisationnelles et d'accompagnement.** »

C'est dans cet esprit que nous avons présenté et étudié (1) les outils d'aide à la créativité qui constituent la Technologie clé, n° 111 de l'étude (4).

Cette étude comporte 17 technologies organisationnelles et d'accompagnement dans deux domaines distincts :

6 technologies classées dans le domaine « Biens et services de consommation » :

Outils de personnalisation de la relation client (CRM : Consumer Relationship Management).

Agents intelligents (RFId).

Offre de produits et services de grande consommation à base de réalité virtuelle.

Outils de santé à la disposition des consommateurs.

Design sensoriel, y compris la métrologie sensorielle.

Méthodes de marketing liées à l'utilisation des TIC.

11 technologies classées dans le domaine « Technologies et méthodes de conception, gestion, production » :

Systèmes d'organisation et gestion industrielle améliorés.

Formalisation et gestion des règles métiers.

Outils d'aide à la créativité.

Représentation de la perception du consommateur.

Simulation, modélisation du comportement humain (dans le poste de travail, face au produit…).

Multi-représentation des objets virtuels / qualité de la représentation.

Simulation numérique des procédés.

Représentation et gestion des processus de l'usine numérique.

Prototypage rapide.

Supply Chain Management (Gestion de la chaîne logistique globale).

Soutien logistique intégré.

> Des progrès sont à faire pour développer et améliorer ces technologies clés, c'est-à-dire que **des innovations doivent y être associées.** Ce n'est pas si facile que cela, les exercices proposés vous le montreront.

Ainsi, à titre d'exemple, **La personnalisation de la relation client,** (Technologie clé, n° 103 de la référence (4) est un sujet particulièrement riche et susceptible d'une intense mobilisation d'innoclubs. Cette technologie organisationnelle est très souvent appelée CRM, Consumer Relationship Management ; c'est cette formulation, CRM, que nous utiliserons.

Fonction remplie par le CRM

L'étude (1) précise deux fonctions :

– spécification des processus de production,
– optimisation des offres de produits et de services.

En fait le CRM offre de multiples facettes et de nombreuses variantes. La spécification des processus de production étant proche du SCM, Gestion de la chaîne logistique globale, nous nous limiterons, dans notre présentation à la seconde fonction, celle qui concerne l'optimisation des offres de produits et de services dans le but de répondre, en permanence, aux besoins et à leur évolution

Les quatre objectifs du CRM

La majorité des nombreuses études de CRM fait ressortir les quatre objectifs suivants :

- connaître le client pour adapter l'offre à ses besoins,
- répondre aux demandes des clients,
- mieux cibler et segmenter son marché
- fidéliser ses clients

❑ *Connaître le client pour adapter l'offre à ses besoins*

Pour cet objectif, la Fiche Client est un outil largement utilisé. La fiche client sera élaborée à partir d'informations recueillies auprès des clients par de multiples voies :

courriers,

commandes,

questionnaires d'enquête,

questionnaires de satisfaction,

brainstorming avec un échantillon de clients,

salons spécialisés

base de données clients/commerciaux,

…

Ces différentes voies permettent la mise à jour des fiches clients et leur traitement informatique doit permettre de maîtriser le second objectif.

> **Exercice**
>
> Réfléchissez à la question suivante : que peut faire un innoclub pour proposer de nouvelles pistes pour améliorer ce premier objectif fondamental : connaître le client pour adapter l'offre à ses besoins ?
>
> Peut-on créer un complément de la fiche client ? Peut-on envisager un autre outil plus efficace ?
>
> Essayez de trouver trois autres voies de recueil d'informations relatives aux clients en plus des sept citées ci-dessus.

❑ *Répondre aux besoins des clients*

Pour ce second objectif, capital, une des solutions qui s'est avérée très efficace est proposée par les **bouquets de services**. Il s'agit d'une offre produit reposant sur un ensemble de produits ou services personnalisés parce que conçu, grâce aux voies citées ci-dessus, en partenariat avec le client ou au moins avec des familles de clients ayant des besoins, des aspirations, des goûts communs.

❑ *Mieux cibler et segmenter le marché*

Ce troisième objectif va plus loin dans le CRM et nécessite de maîtriser les techniques d'analyse comportementales : cheminement le plus probable dans les travées de l'hypermarché, habitudes d'achat, répugnance à acheter les

© Éditions d'Organisation

produits placés trop bas ou beaucoup trop haut…Il sera aussi proposé du sur-mesure à coût relativement bas pour des produits vendus en très grande quantité.

La maîtrise de la flexibilité est un point capital. Il faut savoir réagir très vite, changer rapidement un certain agencement, développer certains secteurs qui deviennent porteurs (les TIC par exemple), renoncer à d'autres moins « juteux » (le rayon librairie a disparu dans certains hypermarchés), être **donc très réactif et innovant**. Il est recommandé de faire du benchmarking dans les hypermarchés de la concurrence, de s'inspirer des meilleurs ; c'est une bonne recette et il faut y ajouter ensuite sa compétence propre, essayer de trouver un « plus ». C'est là que la créativité doit intervenir.

Il convient également de considérer les diverses catégories de clients :

les occasionnels qu'il peut être intéressant de rendre fidèles,

les clients fidèles mais consommant peu ou très peu,

les clients « rentables », fidèles et dépensiers.

Les diverses études réalisées recommandent de réduire le temps et les efforts passés sur le client non profitable pour mieux se concentrer sur la clientèle rentable. Elles montrent également qu'il est moins coûteux de fidéliser la clientèle que d'acquérir de nouveaux clients. Les deux actions doivent cependant rester des objectifs mais la fidélisation sera prioritaire.

❏ *Fidéliser ses clients*

La carte de fidélité commence à réellement se développer. Elle permet de bien connaître les comportements d'achat du client (quoi ? combien ? où ? quand ?) grâce à la saisie, à l'enregistrement magnétique ou numérique non seulement de l'ensemble des achats du client mais aussi des informations personnelles le concernant. (Attention, pour l'entreprise il convient de ne pas enfreindre la loi Informatique et Liberté).

Le possesseur de la carte de fidélité fait un peu partie d'une élite bénéficiant de promotions ciblées, de caisses de paiement réservées, de points de fidélité, de ristournes.

L'entreprise y trouve largement son compte car la carte permet la mise à jour permanente d'une base de données comportementale. Elle peut aussi proposer des cartes de fidélité proposant le crédit revolving avec, pour elle, de gros avantages financiers.

❏ *Aspect informatique du CRM*

La Personnalisation de la Relation Client implique nécessairement un équipement informatique puissant susceptible de réaliser :

– la saisie des informations,

– l'utilisation de programmes spécialisés pour trier, classer, organiser,

– la création d'une base de données entreprise, d'un Intranet avec l'option « Clientèle »,

– la définition du « profil » de chaque client dans la base de données comportementale (sous-ensemble de la base de données entreprise).

❏ *Applications de la Personnalisation de la Relation Client*

Le CRM se développe largement car il présente, pour l'entreprise, de nombreux avantages et, parmi ceux-ci et les très nombreuses applications du CRM nous pouvons citer :

Publicités personnalisées : lettre au nom du client, contact à l'entrée du magasin.

Mailing d'informations spécifiques : anniversaire.

Contacts téléphoniques personnalisés : call center, banques ou assurances directs, service après-vente.

Publicités ciblées : produits habituellement achetés, site Internet.

Création de service personnalisé : page d'entrée personnalisée sur le site de l'entreprise.

Fabrication de produit personnalisé : on rejoint le SCM, Supply Chain Management.

Exercice

À votre avis est-il possible de trouver d'autres applications du CRM que celles citées ci-dessus et qui présenteraient un intérêt certain ?

Estimez-vous au contraire que le thème est maintenant très bien maîtrisé et qu'il vaut mieux lancer l'innoclub sur des pistes plus prometteuses où des besoins non satisfaits apparaissent ?

Les innovations sociétales

Lorsqu'un chef de gouvernement, qu'il soit de droite ou de gauche proclame « Je suis contre une société à deux vitesses : » il est sans doute de bonne foi et il soigne son audimat en pensant aux prochaines élections. Mais il fait sourire la plupart des gens lucides qui ne confondent pas le souhaitable et le possible. Nous sourions avec eux et pensons que cette assertion démagogique est presque équivalente à : « Je suis contre les maladies. »

Il subsiste toutefois un doute dans l'interprétation de cette formule car être contre une société à deux vitesses c'est se prononcer, peut-être, pour une société à trois, voir quatre vitesses ; dans ce cas cela devient intéressant ; nous allons en débattre.

Une société multimodale

C'est peut-être une idée de base à creuser car elle serait un facteur de flexibilité tout à fait intéressant.

Rejetant la société à une seule vitesse, irréaliste et poussive, nous pouvons aller plus loin que la société à deux vitesses. Pourquoi ne pas en envisager une qui serait à trois ou quatre types différents correspondant à des modes de vie très différenciés, résultant soit d'un choix délibéré des intéressés, soit d'incitations plus ou moins évolutives, soit de moyens plus directement persuasifs voire réglementaires ?

En tout état de cause nous ne voyons pas pourquoi le sujet serait tabou.

Pourquoi ne pas étudier l'optimisation du fonctionnement de notre société sur des modèles de simulation, non plus de façon confidentielle ou universitaire mais d'une manière ouverte, de façon à préparer le grand public à cette évolution ?

Un exemple du travail d'un innoclub sociétal

Un innoclub sociétal s'est mis au travail et nous présentons les résultats de ses cogitations effrénées et néanmoins intéressantes.

Il propose de concevoir une première « école » qui préconiserait trois types d'organisation, donc trois types différenciés de modes de vie qui sont schématisés dans la figure 37 :

– la vie MAXURBAINE : il baptise ainsi celle de l'élite avec des locomotives technologiques ou organisationnelles, des gens prêts à travailler 50 à 70 heures par semaine, à gagner pas mal d'argent, et, par conséquent, à en reverser pas mal au Trésor public. Tous nos innovateurs, ou presque, seraient dans cette catégorie, urbanisée et travaillant « un max », d'où son nom ;

– la vie MINURBAINE : sous cette appellation sont compris l'immense majorité des travailleurs et consommateurs ; ils assurent la production et les services ; ils font entre trente et trente-cinq heures par semaine et gagnent suffisamment d'argent pour être de bons consommateurs et avoir une vie matériellement agréable ;

– la vie POLYRURALE : c'est l'option rurale de la vie ; c'est d'abord celle des agriculteurs traditionnels, moins nombreux que par le passé mais tout à fait indispensables. C'est aussi celle des écologistes de choc. Redéployés dans l'hexagone, ils cultivent leurs lopins de terre (ceux que l'Union européenne a mis en jachère) et vivent une vie semblable rurale (mais avec la voiture d'occasion), le téléphone mobile, l'Internet, la télévision.

FIGURE 37
Propositions d'un innoclub sociétal

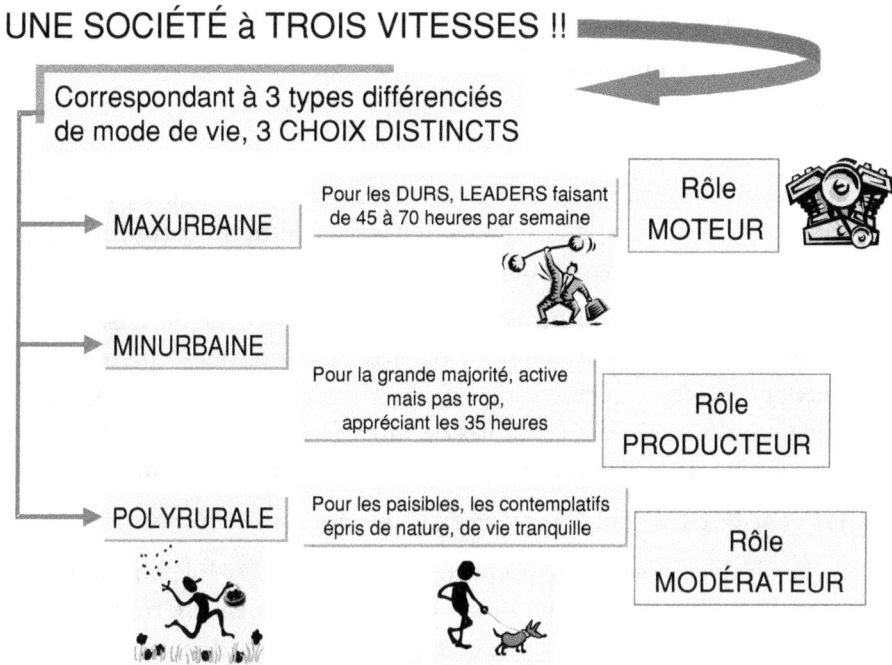

UNE SOCIÉTÉ à TROIS VITESSES !!

Correspondant à 3 types différenciés
de mode de vie, 3 CHOIX DISTINCTS

MAXURBAINE — Pour les DURS, LEADERS faisant de 45 à 70 heures par semaine — Rôle MOTEUR

MINURBAINE — Pour la grande majorité, active mais pas trop, appréciant les 35 heures — Rôle PRODUCTEUR

POLYRURALE — Pour les paisibles, les contemplatifs épris de nature, de vie tranquille — Rôle MODÉRATEUR

À ces trois modes de vie nettement différenciés, qui concernent les suractifs, les actifs et les semi-actifs, s'en ajoute nécessairement un quatrième, celui des non productifs qui sont uniquement des consommateurs. C'est le cas des retraités. Comme ils sont de plus en plus nombreux et qu'ils possèdent des ressources non négligeables, ils représentent une importante fraction de la population et constituent un moteur très utile pour la consommation. C'est aussi le cas des chômeurs qui, dans ce dispositif devraient être de moins en moins nombreux. Ces deux catégories de consommateurs pourront au choix, selon leurs préférences intégrer le type Minurbain ou le type Polyrural.

Des passages de l'une à l'autre des catégories, des mutations volontaires devraient être possibles. À partir du moment où l'on prône la souplesse et la flexibilité, ces possibilités doivent être reconnues.

Les propositions de cet innoclub ne concernent pas que la France et pourraient, dans son esprit, être envisagées au niveau de l'Europe.

Rationaliser le fonctionnement de notre système

Laissant de côté ces intéressantes propositions futuristes de notre innoclub sociétal, reprenons une réflexion sur ce thème.

Dans un premier temps, comme nous sommes incapables de gérer une croissance faible ou nulle, il semble bien que le gaspillage, l'incitation à une consommation soutenue, soit à retenir.

Mais il faudrait déjà étudier, parallèlement, les moyens de rationaliser le fonctionnement de notre système, et **étudier sérieusement certains aspects positifs du développement durable.**

Prenons le cas des déplacements professionnels. Un collègue me faisait remarquer, alors que nous étions englués dans de gigantesques embouteillages matinaux et tentions vainement de circuler dans notre capitale : « Quand je pense que nous sommes des centaines de milliers à aller dans tous les sens et que la résultante de tous nos déplacements est rigoureusement nulle ! »

Ce n'est peut-être pas tout à fait vrai mais cela amène à réfléchir.

Si l'on choisit une option économique (À bas le gaspillage !) le phénomène est choquant. Il ne l'est plus si l'on prône le gaspillage considéré comme un des moteurs indispensables de notre étrange civilisation. Grâce au fait que j'habite à 20 kilomètres de mon lieu de travail j'use mes pneus, ma voiture, je consomme du carburant et comme des millions de Français et Françaises font de même, ces déplacements quotidiens ont une importance économique non négligeable.

Ce qui devient franchement gênant c'est l'immobilité absolue constatée certains jours de malheur. Un vendredi pluvieux par exemple, couplé à une ou deux manifestations officielles. Là ça coince vraiment et l'on subodore que ce ne serait pas mal si une partie non négligeable des salariés effectuait son travail à domicile.

Cela amène à se pencher sur le problème du télétravail

Avec le développement des télécommunications et du fax d'abord, puis, maintenant, des autoroutes de l'information, de l'Internet, haut ou bas débit, et de sa cohorte de réseaux multimédias, il est évident que les possibilités sont immenses et pourraient être exploitées.

Mais pour résoudre ce problème encore faudrait-il le poser réellement, officiellement.

Le télétravail n'est qu'une des composantes d'une nouvelle organisation de la société à mettre en place pour succéder à l'actuelle, encore très fortement marquée par les périodes industrielle, électrique et électronique que l'on peut regrouper sous l'étiquette « civilisation technologique ».

La crise actuelle est liée à cette non-adaptation de notre organisation à la civilisation de la communication et de l'information. Certains spécialistes de la prospective, comme THIERRY GAUDIN, ancien directeur du Centre de Prospective et d'Évaluation du ministère de la Recherche ont réalisé des études particulièrement intéressantes sur la façon d'appréhender le XXIe siècle.

Les perspectives et recommandations ont peut-être été jugées trop futuristes dans un premier temps, mais pourront s'avérer rapidement très utiles.

Ce genre de travail a eu le grand mérite d'inciter un certain nombre d'experts de domaines très variés à travailler ensemble, avec leurs compétences respectives, pour essayer de proposer des solutions destinées à bâtir la nouvelle civilisation où l'importance du travail ira en s'estompant pour la grande majorité des hommes ; la majeure partie d'une vie d'homme sera consacrée à autre chose, les loisirs, la culture. Il y a là un champ immense de développement de l'innovation non technologique.

CONCLUSION,
vers un passage à l'acte

À l'issue de cette rapide exploration essayons de voir le rôle que peut jouer l'innovation généralisée dans l'actuelle crise de notre société, de notre civilisation.

Quel rôle pour le couple Créativité/Innovation ?

Nous éprouvons les plus grandes peines à passer du monde purement industriel à « autre chose », à une ère postindustrielle qui, après une dominante électrique puis électronique est devenue surtout une société de l'information et de la communication.

Le progrès technologique qui, dans un premier temps a remplacé puis amplifié de façon gigantesque le muscle, la force humaine ou animale, a ensuite été consacré à une aide aux activités intellectuelles. Les grands calculateurs de l'immédiat après-guerre sont devenus d'extraordinaires cerveaux artificiels, des organisateurs impressionnants, des ordinateurs de plus en plus puissants dans un volume de plus en plus faible.

Leur couplage avec les divers outils de télécommunication (ces derniers ayant bénéficié en particulier des progrès de miniaturisation imposés par la conquête de l'espace), conduit à la révolution télématique actuelle qui, née dans les années soixante-dix, au niveau du transfert des seuls caractères alphanumériques a pris une ampleur non contrôlable avec la numérisation totale, généralisée, les débits gigantesques rendus possibles grâce aux autoroutes de l'information, la nomadisation permise par la miniaturisation et le sans-fil.

Dans ce contexte, on voit bien que l'innovation va prendre une importance de plus en plus considérable et l'Internet (puis ses successeurs), pose un certain nombre de défis, qui préfigurent bien les bouleversements qui nous attendent dans les dix à quinze années à venir.

Esquissons quelques caractéristiques qui, peu à peu, deviennent des évidences :

— Le nombre de salariés tend à décroître parce qu'il y a de moins en moins besoin d'hommes et de femmes pour assumer les fonctions primaires (alimentation), secondaires (énergie, transformation, production manufacturière, transports), tertiaires (services), fonctions qui bénéficient toutes de progrès considérables en productivité, rendement, efficacité.

— Le quaternaire qui va se développer (aide aux services, adaptation des services tertiaires à l'évolution des besoins) intégrera de plus en plus l'extrême décentralisation et l'interactivité généralisée. Chaque individu va avoir de plus en plus de poids car il disposera d'un univers d'expression potentielle exceptionnellement large, ouvert et accessible : les distances n'existent plus, le temps de transfert de données est pratiquement annulé.

— Une nouvelle forme de travail va, petit à petit, sans se substituer totalement aux autres, s'implanter et prendre une importance croissante. Elle aura en majorité comme acteurs des travailleurs indépendants, des consultants libéraux, des Entreprises Unipersonnelles à Responsabilité Limitée, des petites SARL. Cette « faune » de nouveaux travailleurs présentera la souplesse voulue pour développer le télétravail, le télé-enseignement, la télé-édition et toutes les formes possibles et imaginables de télé-création. Après avoir « contemplé » les médias, de plus en plus d'individus vont en devenir les acteurs ce qui sera la source d'un fantastique enrichissement intellectuel et social de l'humanité, à condition toutefois qu'existe une certaine organisation régie par de nouvelles règles adaptées au nouvel univers.

L'étude réalisée par les experts des différents domaines d'activité, sous l'égide du ministère de l'Industrie (4), est importante car elle montre que les pouvoirs publics s'intéressent au court et moyen terme et font, pour les années à venir, des propositions et recommandations constructives et basées sur des connaissances solides et bien analysées.

C'est bien mais ce n'est pas suffisant et il faut aussi mobiliser des sociologues, des philosophes, pour voir plus loin dans le temps et surtout dépasser la seule technologie.

L'intelligence déductive qui a régné depuis le début de la révolution industrielle doit être nécessairement épaulée par l'intelligence inductive, indispensable pour créer, pour réaliser des innovations. C'est ce qu'exprimait en 1996 le sociologue Michel Crozet : « Le phénomène fondamental est le passage de la rationalisation à l'innovation. »

Des groupes de réflexion naissent, existent, et vont émettre des propositions. Le plus difficile sera de mettre en œuvre ce qu'ils préconisent.

Pourquoi ne pas s'inspirer, pour l'innovation généralisée, de ce qui a été réalisé dans le domaine de la veille technologique et de l'intelligence économique ?

L'enjeu est colossal et des actions concertées de sensibilisation, motivation, mobilisation sont à organiser et doivent être, le plus rapidement possible, implantées dans les universités, les grandes écoles, les organismes de formation.

Il faut enraciner ce concept dans l'enseignement supérieur et parallèlement, utiliser toute notre imagination pour développer des applications pratiques.

Pourquoi ne pas passer à l'acte

> « *Comprendre c'est se sentir capable de faire.* »
> ANDRÉ GIDE, *Les Nourritures Terrestres*

Au terme de ce livre nous devons nous poser la question : comment tirer parti de tout cet ensemble éclectique, voire hétéroclite, de préceptes, recommandations et outils relatifs à la créativité et à l'innovation ?

Il ne m'appartient pas de répondre à cette question, c'est chaque lecteur en particulier qui doit le faire. Si vous avez lu ce livre avec la ferme intention « d'en découdre » en innovation, de mettre en application sans tarder ce qu'il propose, vous vous demandez peut-être comment opérer. À chacun sa vérité, son style, bien sûr, mais je peux peut-être vous aider, vous mettre sur la voie.

La figure 38 représente une solution générale à recommander.

À l'issue de la lecture d'un ouvrage ou d'un séminaire, il est toujours bon de faire un bilan, comme le schématise cette figure.

Le grand cercle de gauche représente l'ensemble de ce que nous avons vu, de ce qui a été traité. Contenu dans ce cercle, un autre, plus petit, représente ce que l'on a compris. Puis un troisième, plus petit encore, ce que l'on a appris, retenu, « mis en mémoire centrale », c'est-à-dire emmagasiné dans notre cerveau. C'est à l'intérieur de ce petit cercle que l'on peut symboliser ce que nous nous proposons de mettre en œuvre.

Comme nous le voyons, pour réaliser cette mise en œuvre, il est possible soit de travailler de façon intuitive, c'est l'approche « boîte à outils » soit d'opter pour une méthode rationnelle, systématique. Dans les deux cas, il est nécessaire de poser au préalable clairement :

ce que l'on veut,

pourquoi on le veut.

Quoi ? *La nature de l'application* doit d'abord être définie. Que veut-on au juste ? dans quels domaines et dans quels secteurs précis ? Il est indispensable de répondre précisément sur ce point.

Pourquoi ? *L'intérêt de l'innovation cherchée* doit ensuite être indiqué : c'est en quelque sorte l'objectif, le but que l'on vise. Mais on se souviendra que ce qui est trouvé est souvent un peu différent de ce qui était espéré. C'est un phénomène général qu'il faut admettre avec philosophie.

FIGURE 38

Le passage à l'acte

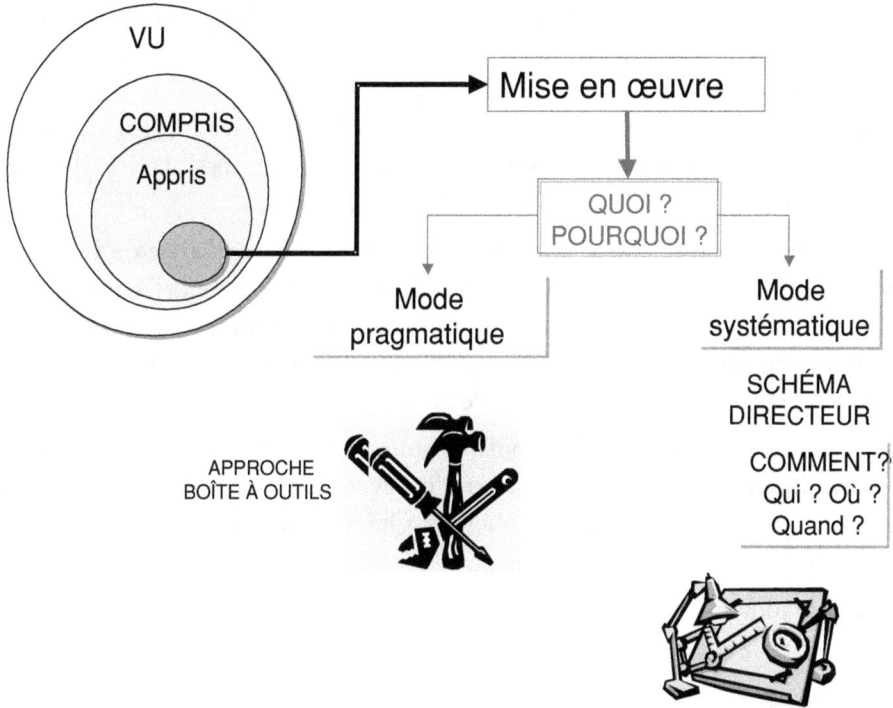

Pour la première option, il appartient au lecteur de travailler selon ses goûts et ses intuitions et nous ne pouvons donc pas pousser plus loin notre aide.

Néanmoins, comme support, il pourra utiliser avec profit un modèle inspiré de la figure 29 « Check-list arborescente », ou mieux, s'offrir un logiciel de mind mapping (figures 30 et 31) pour qu'il se lance sans excès de douleur dans les premiers pas de l'aventure de l'innovation appliquée.

Pour la seconde option, choisie pour une innovation complexe ou très importante, il est possible de bâtir les éléments d'un schéma directeur explicitant les éléments essentiels du comment.

Comment ? Le processus d'innovation qui sera choisi dépend beaucoup des ressources dont on dispose. L'absence totale de moyens financiers supplémentaires peut être une contrainte incompatible avec l'objectif et conduire à une révision de celui-ci en visant moins haut.

© Éditions d'Organisation

Le schéma directeur sera un document de quelques pages présentant la façon dont on passera de la doctrine (le quoi ? et le pourquoi ?) à la méthode (le comment ? le qui ? le quand ? le où ?).

Après le rappel de la doctrine, le schéma précise quelles familles d'acteurs interviendront et dans quelle structure. La façon dont on organisera les flux d'information est ensuite indiquée ainsi que les éléments-clés du plan directeur, développement détaillé du schéma directeur définissant, en quelques dizaines de pages, l'ensemble méthode-structure. (Il est possible de s'inspirer des éléments sur ce sujet développés dans la référence (1)).

Ces éléments d'un schéma directeur ne sont que la phase initiale de l'innovation. Ensuite il vous appartiendra d'utiliser certains des outils dont nous avons fait l'inventaire. Un logiciel de mind mapping est très vivement recommandé car il est d'un usage assez facile et permet un gain de temps considérable et une présentation claire et personnalisable.

Mais rien ne vous empêche de choisir comme première mise en pratique de l'innovation la création de check-lists d'innovation appliquée qui constituera alors le contenu du premier cartouche « Quoi ? Pourquoi ? » définissant la nature de l'application.

À vous de jouer.

BIBLIOGRAPHIE

(1) FRANÇOIS JAKOBIAK, *L'intelligence économique, la comprendre, l'implanter, l'utiliser*, Éditions d'Organisation, 2004

(2) Anonyme, *Manuel d'Oslo*, Organisation de Coopération et de Développement Économique, 2e édition, Paris 1997.

(3) Les stratégies de l'entreprise, *Les Cahiers français*, n° 275, avril-mai 1996, La Documentation française.

(4) Anonyme, *Technologies clés 2005*, secrétariat d'État à l'Industrie, Paris, 2000.

(5) OLIVIER BOUTOU, LAURENT LEVÊQUE, *Miniguide des indicateurs et tableaux de bord*, Mémento AFNOR, décembre 2003

(6) CÉDRIC LUSSEAU, École Normale Supérieure, www.si.ens.fr (TRIZ)

(7) J.-L. DELADRIÈRE, F. LE BIHAN, P. MONGIN, D. REBAUD. *Organisez vos idées avec le Mind Mapping*, Dunod, 2004

(8) DENIS CAVALUCCI, TRIZ, deuxième congrès Int. Franco-Québécois de Génie Industriel. Albi 1997.

(9) GLEN MAZUR, *Theory of Inventive Problem Solving* (TRIZ) publié sur le Web : www.mazur.net/triz/

(10) PIERRE SOUVAY, *Plans d'expériences, Méthode Taguchi*, Mémento AFNOR, 2002.

(11) MAURICE PILLET, *Introduction aux plans d'expériences par la méthode Taguchi*, Éditions d'Organisation, 1992.

(12) JOHN TERNINKO, The QFD, TRIZ and Taguchi Connection, The 9th Symposium on Quality Function Deployment, June 10, 1997 (www.mv.com/ipusers/rm/qfdtriz4.htm).

(13) THOMAS DURAND, SÉVERINE HERRSHER, FABIEN SERAIDARIAN, *Technologies organisationnelles pour l'entreprise*, CM International et DIGITIP, direction générale de l'Industrie, des Technologies de l'Information et des Postes, juillet 2002.

www.ingramcontent.com/pod-product-compliance
Lightning Source LLC
Chambersburg PA
CBHW061814210326
41599CB00034B/7000